河北地质大学学术著作出版资助
河北省社会科学基金项目（项目编号：HB17GL01〔
河北省社会科学发展研究课题（课题编号：201704120

领导—下属价值观匹配

对员工满意度和组织公民行为的影响

庞宇　艾明晓 ◎ 主编

中国财经出版传媒集团
经济科学出版社
Economic Science Press

图书在版编目（CIP）数据

领导—下属价值观匹配对员工满意度和组织公民行为
的影响／庞宇，艾明晓著 .—北京：经济科学出版社，
2018. 3
ISBN 978－7－5141－9122－6

Ⅰ.①领…　Ⅱ.①庞…②艾…　Ⅲ.①企业管理-研
究　Ⅳ.①F272

中国版本图书馆 CIP 数据核字（2018）第 050162 号

责任编辑：周胜婷
责任校对：王肖楠
责任印制：邱　天

领导—下属价值观匹配对员工满意度和组织公民行为的影响

庞　宇　艾明晓　著
经济科学出版社出版、发行　新华书店经销
社址：北京市海淀区阜成路甲 28 号　邮编：100142
总编部电话：010-88191217　发行部电话：010-88191522
网址：www. esp. com. cn
电子邮件：esp@ esp. com. cn
天猫网店：经济科学出版社旗舰店
网址：http://jjkxcbs. tmall. com
北京财经印刷厂印装
710×1000　16 开　12.5 印张　200000 字
2018 年 3 月第 1 版　2018 年 3 月第 1 次印刷
ISBN 978－7－5141－9122－6　定价：58.00 元
（图书出现印装问题，本社负责调换。电话：010-88191510）
（版权所有　翻印必究　举报电话：010-88191586
电子邮箱：dbts@ esp. com. cn）

前　言

在组织管理与社会心理研究领域，人与环境交互影响一直是一个倍受关注的课题。20世纪初期，随着人际关系运动的兴起，研究者开始关注情境因素（如组织结构和组织文化）对个体行为的影响。20世纪60～70年代，宏观组织研究与微观组织研究进一步分化。以互动理论为基础的人—环境交互研究成为微观组织研究中的前沿领域。之后，越来越多的研究者先后从不同角度和层面探讨了人—环境匹配理论，这其中就包括领导—下属匹配理论。早期研究中，领导—下属匹配问题已经取得一些研究成果。从关系人口统计学研究来看，领导与下属在性别、年龄、受教育程度、工作年限等浅层次因素的一致性会影响领导对下属的情感认知，从而直接影响上下级之间的沟通、绩效评价结果等。从深层次的因素来看，价值观、人格特质、态度等方面的匹配程度，显著影响员工的组织承诺、工作满意度、领导—成员交换关系、工作绩效评价等工作态度和行为。然而，匹配问题并不是一个简单的相似问题，在领导—下属对偶关系中，至少表现出领导与下属同高、领导与下属同低、领导高于下属、下属高于领导这四种匹配/不匹配形式。遗憾的是，传统的领导—下属价值观匹配研究并没有深入讨论这一问题。随着人—环境匹配理论对领导行为的关注，以及多项式回归和曲面分析方法的兴起，研究者逐渐意识到领导—下属匹配作为一个重要的理论概念和一种普遍的组织现象应该得到重视。在一些学者的呼吁下，近年来与此相关的理论和实证研究陆续出现，领导—下属匹配已经成为人—环境匹配研究领域的一个前沿课题。

然而，到目前为止，对领导—下属匹配的研究仍处于起步阶段。在研究内容方面，一些研究初步探讨了领导—下属责任心、主动性人格等的匹配，仍有许多其他特质特征的具体匹配效果有待进一步验证。在研究方法的应用上，国外研究者已经尝试将此方法应用于领导—下属匹配研究，并在核心期刊上发表相应的研究成果，但国内研究中仅有一篇文章采用此方法探讨了人—组织价值观匹配问题。在影响效果方面，多数研究选择了个体态度作为结果变量，如工作满意度、组织承诺、离职意向等，但对于"匹配是否影响下属工作行为"这个问题，现有研究还未给出明确答案。

基于以上分析，围绕领导—下属工作价值观匹配，本书主要考察两个问题：一是领导—下属工作价值观在不同维度上的客观匹配，是否对工作满意度和组织公民行为产生显著影响；二是在不同维度的不同匹配方向上（即：高水平匹配、低水平匹配，以及领导高水平而下属低水平、领导低水平而下属高水平），员工的工作满意度和组织公民行为有什么样的表现。基于北京、合肥、贵阳三个地区收集的289对领导—下属配对数据，本研究采用多项式回归和曲面分析的方法，从三维的视角分别探讨了领导—下属在开放型价值观、保守型价值观、自我超越价值观、自我提升价值观四个方面的匹配程度对下属工作满意度和组织公民行为的影响。

本书的研究发现包括：

（1）领导—下属开放型价值观、保守型价值观、自我超越价值观匹配与员工满意度和组织公民行为之间都存在显著的匹配效应，即领导与下属在这些价值观维度上的相似或不相似对下属的态度和行为能够造成影响。换句话说，只要存在客观上的匹配，下属的态度和行为就会受到影响。

（2）员工工作满意度与领导—下属工作价值观匹配的关系并未显著表现为"匹配即最优"的特点。在一致性效应上（即 $L = F$ 时），只有领导—下属自我超越价值观匹配与员工满意度的关系显著，并呈现"匹配即最优"的现象，其余三个维度的价值观一致性效应对满意度的影响并不显著。

在不一致效应上（即 $L = -F$ 时），数据结果支持了领导—下属自我超越价值观匹配与员工满意度的假设关系，即当领导在自我超越价值观维度上的偏好低于下属时，工作满意度较低。随着领导在该价值观维度上的偏好逐渐增加，二者价值观差异减小，下属的工作满意度会逐渐提高。当领导在该维度的偏好超越下属时，下属的工作满意度会进一步增加。数据结果还部分支持了领导—下属开放型价值观与工作满意度的关系，即当领导开放型价值观偏好高于下属偏好时，随着二者价值观偏好差异的增加，下属的工作满意度显著提高。数据结果还显示，当领导的开放型价值观偏好低于下属偏好时，随着二者价值观偏好差异的减小，下属工作满意度并非递增，而是表现出递减趋势。

（3）组织公民行为与领导—下属匹配之间关系也比较复杂。在一致性效应上，数据结果显著支持了领导—下属保守型价值观匹配与组织公民行为的关系假设，即随着二者从低保守型价值观匹配逐渐增加至高保守型价值观匹配的过程，个体的组织公民行为表现出下降的趋势。数据结果部分支持了领导—下属开放型价值观匹配、领导—下属自我超越价值观匹配与组织公民行为之间的关系。前者关系中，当领导与下属同时为低开放型价值观偏好匹配时，组织公民行为显著提高；后者关系中，当领导与下属同时为高自我超越价值观偏好匹配时，组织公民行为显著提高。

在不一致效应上，数据结果部分支持了领导—下属开放型价值观匹配、领导—下属保守型价值观匹配与组织公民行为的关系。前者关系中，当领导开放型价值观偏好低于下属时，随着二者价值观偏好差异的减小，下属的组织公民行为显著提高；后者关系中，当领导保守型价值观偏好高于下属时，随着二者价值观偏好差异的增加，下属的组织公民行为显著降低。

本研究的创新点在于：

第一，本研究基于工作价值观四维度模型，探讨了领导与下属在不同价值观维度上的具体匹配效应，挑战了传统的关于领导—下属整体价值观匹配影响效果的结论，拓宽了领导—下属匹配研究的视角。同时，对领导—下属匹配与下属行为关系的研究为"匹配—行为"关系的研究提供更多证据，丰富了该领域的研究成果。

第二，本研究采用多项式回归分析法探讨了上述匹配效应，同时考虑领导、下属的单独效应和领导—下属的交互效应，弥补了传统差值法的不足；随后采用响应面分析的方法，用三维曲面直观反映领导—下属匹配对下属态度和行为的影响。这为国内匹配研究提供了一种新的研究思路。

本研究的理论意义为：

（1）对人—环境匹配研究有一定的启示。本研究通过对领导—下属工作价值观匹配与下属工作满意度和组织公民行为关系的分析，丰富了人—环境匹配研究中人—人匹配的数量，揭示了领导—下属匹配对下属态度和行为的影响方式，为进一步的理论整合提供研究基础。此外，本研究关于领导—下属工作价值观匹配对下属态度和行为的影响挑战了"匹配即最优"的经典假设，发现并非所有的匹配都是最优的，并非所有的不匹配都是负面的。

（2）对领导—下属匹配研究的启示。本研究采用了多项式回归和曲面分析的方法，探讨了领导—下属工作价值观匹配的影响效果，进一步证明了领导—下属匹配对下属态度和行为存在显著的影响。一方面，本研究除了验证了领导—下属匹配与员工态度的关系，还证明了其对下属行为有显著影响；另一方面，研究结果也表明，领导与下属价值观匹配的影响效果与具体的匹配内容相关，二者在不同价值观维度上的一致与不一致性对下属的工作满意度和组织公民行为存在差异化的作用效果。此外，本研究引入了多项式回归的方法，并验证了该方法在探讨匹配问题时的有效性。

（3）对工作价值观研究的启示。首先本研究将领导—下属匹配的研究框架整合到工作价值观研究中，揭示了领导工作价值观在下属工作价值观对下属工作态度和行为结果的影响过程中发挥的显著作用。其次，本研究从价值观四个维度上具体探讨了匹配对个体态度和行为的影响，发现领导—下属工作价值观匹配的效应与价值观的具体内涵相关。本研究结论为价值观对个体态度和行为的影响提供了新的实证支持。

目　录

第1章　引　言 ·· 1

　1.1　研究背景 ··· 3

　1.2　研究内容和意义 ··· 8

　1.3　研究思路与结构安排 ·································· 11

第2章　文献述评 ··· 15

　2.1　领导—下属匹配 ·· 17

　2.2　工作价值观 ··· 49

　2.3　工作满意度 ··· 81

　2.4　组织公民行为 ·· 88

第3章　理论基础与研究假设 ························· 97

　3.1　相似—吸引理论 ·· 99

　3.2　开放型价值观匹配对员工满意度和组织公民行为的影响 ··· 100

　3.3　保守型价值观匹配对员工满意度和组织公民行为的影响 ··· 104

　3.4　自我超越价值观匹配对员工满意度和组织公民行为的
　　　影响 ··· 107

　3.5　自我提升价值观匹配对员工满意度和组织公民行为的
　　　影响 ··· 109

第4章　研究设计 ··· 113

　4.1　研究程序与样本 ······································ 115

　4.2　变量测量 ·· 116

　4.3　分析技术 ·· 118

第5章 研究结果 ················· 121

5.1 领导—下属工作价值观匹配/不匹配频率统计分析结果 ··· 123

5.2 描述性统计和相关分析结果 ················· 123

5.3 领导—下属开放型价值观匹配对员工满意度和组织公民
行为的影响 ················· 125

5.4 领导—下属保守型价值观匹配对员工满意度和组织公民
行为的影响 ················· 129

5.5 领导—下属自我超越价值观匹配对员工满意度和组织公民
行为的影响 ················· 132

第6章 讨论与结论 ················· 139

6.1 结果讨论 ················· 141

6.2 理论启示 ················· 148

6.3 实践意义 ················· 152

6.4 研究不足和未来研究方向 ················· 153

附录1 工作价值观量表 ················· 156

附录2 工作满意度量表 ················· 157

附录3 组织公民行为量表 ················· 158

参考文献 ················· 159

后　记 ················· 188

第**1**章 引言

要点：

- 领导—下属匹配的理论前沿。
- 领导—下属匹配的管理现象。
- 本研究的研究内容和意义。
- 本研究的研究思路和研究框架。

1.1 研究背景

1.1.1 理论前沿

在组织管理与社会心理研究领域，人与环境交互影响一直是一个倍受关注的课题（Edwards，2008；Ostroff & Schulte，2007）。20 世纪初期，随着人际关系运动的兴起，研究者开始关注情境因素（如组织结构和组织文化）对个体行为的影响（Üsdiken & Leblebici，2001）。20 世纪 60 ~ 70 年代，宏观组织研究与微观组织研究进一步分化。以互动理论为基础的人—环境交互研究成为微观组织研究中的前沿领域。之后，越来越多的研究者先后从不同角度和层面探讨了人—环境匹配理论（person-environment fit），这其中就包括领导—下属匹配（person-supervisor fit，PS fit）理论①。

人—环境匹配是指人与环境之间的相容性、相似性、一致性（Kristof，1996；Kristof-Brown，Zimmerman & Johnson，2005）。普遍认为，个体需要与不同的工作环境相匹配，因此，"人—环境匹配的研究是工业与组织心理学和人力资源管理的基础"（Saks & Ashforth，1997）。由于组织环境的复杂性，不同学者在研究时将环境因素（environment，E）操作化为不同的内容，如职业、工作、组织、团队等，相应地，就出现了人—职业匹配（person-vacation fit，PV fit）、人—工作匹配（person-job fit，PJ fit）、人—组织匹配（person-organization fit，PO fit）、人—团队匹配（person-group fit，PG fit）等研究领域。奥斯特罗夫和舒尔特（Ostroff & Schulte，2007）认为，定义环境因素的方式有两种，一种是基于情境的

---

① 也可以将其直译为"人—领导匹配"（或意译为"员工—领导匹配""领导—成员匹配"等其他形式）。不同翻译方式之间无本质差异，从字面意思理解，均是指领导与员工之间的匹配；在人—环境匹配理论中，均指人与人之间的一种匹配。考虑到本研究对"person-supervisor fit"的关注不仅仅局限于人—环境匹配领域，而且涉及领导与其下属的对偶关系层面，故本书使用"领导—下属匹配"这一翻译方式。

概念化方式（situation-based notions），另一种是基于人的概念化方式（person-based notions）。前者是指将环境因素定义为职业、工作、组织等组织结构中的整体概念，探讨个体与客观存在的标准的匹配问题，这种思路的研究在 20 世纪呈现出蓬勃发展、欣欣向荣的景象。后者是指将环境因素概念化为与个体相接触的人，如领导、同事以及同一类岗位上的其他员工、同一团队中的其他员工等，探讨个体与其他成员在个体特征、价值观、目标等方面的匹配问题。从人—环境匹配的视角来看，领导—下属匹配理论认为，领导是工作环境因素中的重要构成，与员工的个体接触非常密切，二者的互动对产出结果影响非常大。当领导与下属在特定特征方面比较相似时，双方会表现为相互吸引，从而增加彼此的正向感受，在互动中产生积极的结果，如高承诺、高信任。相反，若领导与下属之间匹配程度较低、甚至不匹配，双方则表现为相互排斥、甚至冲突，并体验到负面情感，不利于形成高质量的领导—成员关系，从而影响绩效（Meglino & Ravlin，1998；Van Vianen，Shen & Chuang，2011）。然而，遗憾的是，目前对人—人匹配的研究相对较少，尚处于起步阶段（Kristof-Brown et al.，2005）。所以说，领导—下属匹配是一个崭新且非常重要的领域。

领导—下属匹配理论依托于领导理论。领导理论的研究并没有明确提出"匹配"的概念，但它暗含了领导—下属匹配的重要性。首先，早期的领导理论研究表明，领导力不仅是某些特质的综合，而且是领导与团队成员结成的一种工作关系，领导通过有效的员工参与以取得其地位，并通过展示其能力实现团队合作（Bass，1990）。这意味着，领导还需要让团队成员认可这些特质，建立良好的互动关系，从而充分发挥领导的管理效能。基于相似—吸引理论，领导与下属的匹配，能促进领导和下属的彼此喜爱和认同，形成高质量的领导—成员关系。其次，随着理论发展，鲍尔斯和西肖尔（Bowers & Seashore，1966）提出了四种促进团队绩效的关键领导行为——领导支持（leader support）、人际促进（interaction facilitation）、强调目标（goal emphasis）、工作促进（work facilitation）。这四种领导行为旨在促进员工与工作和团队成员相匹配。通常情况下，领导被认为是组织的化身（Levinson，1965），代表组织管理员工、协调工作，故员工与领导的匹配能够促进员工与组织和团队匹配。最后，领导—成员交换理论（leader-member exchange，LMX）作为领导理论的最新成果，直接证明了领导—下属匹配的重要性。领导—成员交换理论认为领导与不同下属的互动是有区别的，每个下属与领导的互动也是有差异的，领导与下属之间是垂直对偶关系，因此，二者的互动质量取决于领导与下属是否匹配，而不是领导风格本身（Atwater & Dionne，2007）。基于此，领导—下属匹配是否能够促进组织与个体结果，是一个迫切需要更多研究的领域。

早期研究中，领导—下属匹配问题已经取得一些研究成果。从关系人口统计学研究来看，领导与下属在性别、年龄、受教育程度、工作年限等浅层次因素的一致性会影响领导对下属的情感认知，从而直接影响上下级之间的沟通、绩效评价结果等（Judge & Ferris，1993；Tsui & O'Reilly，1989）。从深层次的特质因素匹配来看，价值观、人格特质、态度等方面的匹配程度，显著影响员工的组织承诺、工作满意度、领导—成员交换关系、工作绩效评价等工作态度和行为（Bauer & Green，1996；Meglino，Ravlin & Adkins，1989；Senger，1971；Zalesny & Kirsch，1989）。针对匹配的测量和研究方法方面，已有研究初步采用了多项式回归和曲面分析的方法，探讨了对偶主体匹配程度、匹配方向对态度和行为结果的影响方式（Zhang，Wang & Shi，2012）。

但作为一个尚处于萌芽时期的研究领域，领导—下属匹配问题仍未得到充分的关注（Kristof-Brown et al.，2005）。其一，在领导—下属匹配对领导效能的影响研究中，已有研究的数量不足以具体而全面地揭示领导—下属匹配的影响效果。尽管已经有一些研究探讨了领导与下属在不同人格方面的匹配对个体的影响（Zhang et al.，2012），但领导—下属工作价值观匹配的研究还并不充分。其二，价值观的计量方式影响匹配研究的有效性。从个人—组织价值观匹配的研究来看，不同维度价值观的匹配对结果变量的影响不尽相同（Ostroff，Shin & Kinicki，2005；龙立荣、赵慧娟，2009；魏钧、张德，2006）。以此类推，若领导和下属在不同价值观维度上的偏好不同，其匹配对结果变量的影响也会表现出差异。已有研究中往往将不同价值观维度合并在一起测量，只能得到整体结论，难以区分特殊效果。其三，传统的"领导—下属价值观匹配下，员工表现最出色"的假设严格限制了人们对于匹配效果的全面认识。过去研究在描述匹配与结果变量的关系时过于模糊，仅表述为匹配与其他结果变量呈正向或负向相关，并没有将"匹配"概念所包含的基本内涵表达清晰。例如，"匹配与结果变量正相关"的假设意味着"不匹配与结果变量负相关"，而实际上并非一定如此；"不匹配"包括了领导高于下属和下属高于领导两个方向，笼统地说"不匹配与结果变量负相关"又忽略了不匹配的方向性（Edwards，2008）。受到研究方法的限制，过去的研究中无法验证不同方向的匹配/不匹配效应，这使得学者在此问题上心有余而力不足。

目前已有一些学者开始关注这一领域的具体问题。爱德华兹和帕里（Edwards & Parry，1993）、爱德华兹（1993）等多篇文章提出了多项式回归和响应曲面的方法，优化了匹配问题的研究方法。基于这一方法，通过来自领导和下属的对偶数据，可以分别判断在领导—下属一致和不一致的情况下，匹配效应对结果变量的影响效果，进一步区分二者的不同组合可能带来的结果。如张、王和石（Zhang，Wang & Shi，2012）以领导—下属主动性人格匹配为研究对象采用该方法进行的研究，发现了领导和下属同时为高主动性人格、同时为低主动性人格以及领导为高主动性人格而下属为低主动性人格、领导为低主动性人格而下属为高主动性人格四个方向上的匹配效应。此外，正如奥斯特罗夫、希恩和金一（Ostroff，Shin & Kinicki，2005）、阿什卡那赛和奥康纳（Ashkanasy & O'Connor，1997）的研究结果所显示的，在领导—下属匹配关系中不同价值观维度对个体态度的影响也有所不同。因此，进一步探讨领导—成员价值观一致性的本质及其维度，以促进领导与成员建立更有效的关系（Ashkanasy & O'Connor，1997）十分必要。

总体来看，已有不少学者从理论层面指出领导—下属匹配研究的必要性，并呼吁研究者在未来的研究中能够进行实证考察。在这些学者的呼吁下，近年来针对领导—下属匹配问题的研究陆续出现（Brown & Tre-vino，2009；Hoffman，Bynum，Piccolo & Sutton，2011；Van Vianen et al.，2011；Zhang et al.，2012），并逐渐成为人—环境匹配和领导—成员交换领域的热点课题。

1.1.2 管理现象

领导成员交换理论认为，领导有偏爱与自己相似的下属的倾向，下属也更愿意追随与自己价值观一致的领导。如果领导和员工在价值观、目标、性格特征等方面非常相似，那么员工更容易认同、追随领导（Van Vianen et al.，2011），而领导也更容易认可、相信员工，从而提供较多工作资源（Weiss，1978）。反之，如果员工与领导在价值观、性格等方面完全不同，那么二者无法在行为处事原则上达成一致，这容易产生相互的误解、不欣赏，进而产生冲突和对立。但企业管理的现实却表明，事情并不总是这样一种情况。当领导与下属都偏好有挑战性的工作和变化的环境时，下属的满意度反而会更低。领导与下属对于工作稳定或者科层制的管理方式偏好差异比较大时，下属的满意度和角色外行为反而高于二者相似的情况。这让企业管理者非常困惑，到底领导与下属的价值观在什么情况下才最有利呢，这一问题的答案对于当前的企业管理现状来说非常重要。随着"90后"逐步迈入职场，中国企业已开始面临"60后""70后""80后"和"90后""四世同堂"的人力资源格局。随着劳动力的多元化，工作场所的价值观也出现了"撞车"现象。面对这些"新新人类"，在老一代的领导们表示困惑并试图理解的同时，双方也不可避免地发生了一些理念上的冲突。比如说，"新生代"更注重自我，追求达成个人的发展目标和施展才华的舞台，而老领导们却更希望年轻人能重视集体，不要太计较个人得失，而且老领导们也不太乐于或者说不太善于放权，他们总希望下属认真执行自己的决策。"新生代"也更喜欢与上级保持平等的工作关系，领导的权威应该来自专业知识或者影响力而不是职位和资源，但老领导们却等级观念较重，认为下级应当服从上级。这种工作价值观冲突的一个主要后果就是作为企业新兴力量的"新生代"员工无法满怀激情地投入工作，工作满意度不高，但离职意愿不低。这对于企业的未来发展和效率提升是非常不利的。如何根据"新生代"下属的工作价值观调整自我的工作理念和工作方式成为当今领导一个很大的挑战。

1.2 研究内容和意义

顺应人—环境匹配理论的研究趋势和组织管理实践的需要，本研究试图在中国的组织情境下采用多项式匹配的方法考察领导—下属工作价值观匹配对领导效能的影响效果。

已有研究认为，工作满意度和组织公民行为能够支持和提升个体的社会和心理环境，从而保证任务绩效的产生（Borman & Motowidlo，1993；Organ，1997）。多数学者基于社会交换的思路，认为组织提供了更好的工作环境和工作报酬，满足了下属的需求，从而产生高工作满意度；下属为了回报组织，表现出更高的组织公民行为（如 Moorman，1991）。另外一些学者从个体特征差异的角度，探讨了个体特质（如人格、态度、价值观等）对下属态度和行为的影响。这种观点认为，在相对弱的绩效激励和组织期望环境中，个体特征是激发下属行为的显著因素（Konovsky & Organ，1996）。

尽管人格和价值观都被认为是相对持久的个体特征，然而两者对领导效能的影响不同。一方面，人格特质是一个长期的、稳定的性格特点，指导个体的行为方式（Costa & McCrae，1996），而价值观会受到社会环境的影响，随着时间的推移，发生细微的变化（Rokeach，1973）。在组织中，个体需要调整自身的特征从而适应组织文化和工作要求。组织可以通过社会化等策略调整员工的价值导向，而不能改变个体人格特征。另一方面，人格特质仅能促使个体产生一种潜在倾向，使其在想法、感受和行动上表现较为一致，而价值观反映的是个体的渴望和偏好，指导个体在特定社会环境下进行有效的互动（Rokeach，1973），是下属对自己"应该做什么"的一种判断。价值观能激发行为动机，是个体更深层次特征（如人格）与行为的连接。因此，对于组织而言，相对于稳定的人格，个体价值观对态度和行为的影响更具有管理意义。

在理解和预测个体在工作场所的情感反应和绩效表现时，工作价值观是一个重要的构念。工作价值观一般通过两种机制发挥其作用。一种是基于其行为动机的激励作用，直接影响个体的感知、情感和行为（England，1967；Locke，1976；Ravlin & Meglino，1987）；另一种是通过价值观一致性来影响个体的各种行为态度表现，也即，当人们遇到与自己具有相似价值观的个体时，会产生更积极的、正向的情感（Kluckhohn，1951；Meglino et al.，1989）。因此，本研究以工作价值观这一特质为对象，研究领导—下属工作价值观的匹配对下属态度和行为的影响。

尽管已有实证研究表明领导—下属匹配与结果变量（如组织承诺、工作满意度等）有显著的相关关系，但我们对价值观一致性效应对员工态度和行为的综合影响还并不清晰，已有文献的局限主要表现在以下三个方面。第一，已有研究对匹配概念的测量过于单一。大量研究采用整体感知到的领导—下属工作价值观匹配来预测结果变量。然而，感知到的匹配与客观匹配是完全不同的概念（Edwards，Cable，Williamson，Lambert & Shipp，2006）。匹配涉及两个主体的不同特征，匹配效应对结果变量的影响不仅仅是单一被试的独立感知对结果变量的影响。通过测量领导与下属双方的价值观特征，以判断匹配效应对结果变量的影响，是非常必要的工作。第二，已有研究中对价值观一致性的判断过于简单。一方面，价值观是个体深层次的特质，具有相对稳定性。一些研究仅采用简单分类的价值观条目，而不是经过长期、反复验证的价值观体系（Kalliath，Bluedorn & Strube，1999），这本身就存在疏漏之处。另一方面，个体价值观体系中往往存在对立的价值倾向，不同价值倾向对个体的行为和态度作用存在显著差异。如施瓦茨（Schwartz，1992）在一般价值观模型中指出，变化的"开放性"与"保守性"是两个对立的价值观倾向。一些研究简单地将价值观条目整合成一个变量，测量这一整体价值观在领导—下属匹配中的作用，损失了大量信息，并不能反映双方真实的价值观互动过程。逐一检验价值观各维度的匹配效应，是一项重要的研究工作。第三，创新性的匹配统计分析方法已经出现。正如前文所述，将领导—下属价值观匹配作为一个单一的变量来考察相互关系，并不能反映真实的作用效果。爱德华兹（1993）提出并阐述了多项式回归方法，带来一个新的视角去观察匹配问题。将这一方法应用于匹配研究，验证新的方法是否能够解释更多问题，也是研究者需要关注的问题。

为探索领导—下属工作价值观匹配的影响效果，本研究选择下属工作满意度和组织公民行为作为衡量匹配效果的指标，原因在于：第一，工作满意度作为个体关键的态度指标，是匹配研究领域中使用最广泛的结果变量。但本研究突破以往将价值观作为整体进行测量的做法，分别探讨不同价值观维度的匹配对工作满意度的影响，在理论层面推进了价值观匹配与满意度关系的研究。第二，莱瑟姆和平德（Latham & Pinder，2005）建议学者在研究人—环境匹配效应时除关注个体态度的变化，也应考察匹配对绩效的影响。组织公民行为作为一种正式奖惩体系以外的、对组织效能有重大影响的员工绩效行为，在以往领导—下属价值观匹配研究中确实较少出现。而组织公民行为与某些价值观维度（如自我超越工作价值观）有密切关系，这表明从匹配的视角探讨价值观与组织公民行为的关系，是一个值得深入的问题。第三，本研究希望尽可能全面地分析匹配对员工在工作场所中的表现的影响效果。通过由领导评价下属的组织公民行为和下属自评工作满意度，能够同时反映匹配对下属态度和行为的影响，也能同时了解领导和下属对匹配效果的判断。

基于以上分析，本研究主要考察以下问题：

（1）领导—下属工作价值观在不同维度上的客观匹配，是否对工作满意度和组织公民行为产生显著影响？

（2）在不同维度的不同匹配方向上（即高水平匹配、低水平匹配，以及领导高水平而下属低水平、领导低水平而下属高水平），员工的工作满意度和组织公民行为有什么样的表现？

本研究采用多项式回归和响应曲面的方法，基于领导—下属配对数据，深入探讨不同水平的匹配和不同方向的不匹配对个体态度和行为的影响。

本书的总体研究模型如图 1-1 所示。

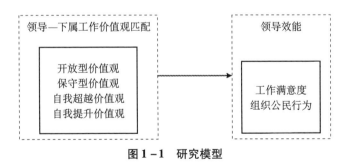

图 1-1　研究模型

1.3　研究思路与结构安排

本研究的研究思路如下：首先，对已有研究进行文献梳理，分析和归纳领导—下属匹配、工作价值观、工作满意度和组织公民行为的相关研究成果，为本研究奠定理论基础；其次，在上述文献述评的基础上，提出本研究假设，设计研究方案和分析技术；再其次，通过抽样调查，采用多项多回归的方法对领导—下属工作价值观匹配和员工工作满意度、组织公民行为的关系进行验证；最后得出结论。本研究的技术路线如图1-2所示。

本书将分为六个部分论述，各章节的内容安排如下所示：

第1章，引言。引言部分基于对理论前沿的分析和管理现象的思考，提出本书所关注的核心构念——领导—下属工作价值观匹配。通过对领导—下属工作价值观匹配研究现状的回顾，总结现有研究的不足及有待研究的问题，并提出本研究的主要内容和研究模型，介绍研究思路。

第2章，文献综述。本章包括3部分内容，分别对研究模型中涉及的研究变量进行了理论梳理，其中对两个主要研究变量（领导—下属匹配、工作价值观）的文献梳理从概念起源、结构与测量、影响因素和影响效果进行系统的回顾，为研究假设的提出做好理论铺垫。

第3章，理论基础与研究假设。根据本研究的理论模型，基于现有组织领域的理论，提出研究假设。

第4章，研究设计。研究设计部分介绍了本研究的框架、测量工具、研究样本的采集以及数据分析技术等，为假设检验做好数据和方法的准备。

第5章，研究结果。本部分基于调查数据，使用多项式回归分析和响应曲面图技术，分别检验了假设的合理性，报告相应的分析结果。

第6章，讨论与结论。本章对研究得到的结果进行总结与讨论，阐明研究结果的理论意义和实践启示，并指出本研究的不足之处以及未来可以进一步展开的研究方向。

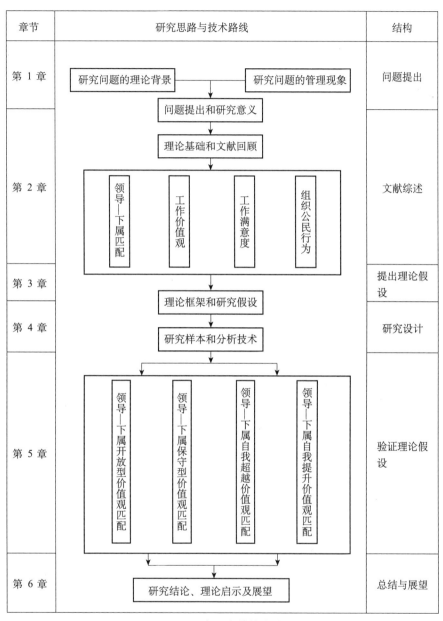

图1-2 本研究的技术路线

第2章 文献述评

要点：

- 领导—下属匹配理论的起源、界定、形式、测量与分析技术。
- 领导—下属匹配的影响效果。
- 工作价值观的起源与结构。
- 工作价值观的影响因素与影响效果。
- 工作满意度的概念与测量。
- 工作满意度的影响因素。
- 组织公民行为的概念与构成。
- 组织公民行为的影响因素。

本研究是针对领导—下属工作价值观匹配的影响效果及作用机制的研究，为更好地理解各构念的研究现状和理论基础，本章首先从领导—下属匹配和工作价值观概念的研究起源及界定、概念结构和测量方式、影响因素和影响效果方面对本领域的研究现状进行系统回顾和梳理。

2.1　领导—下属匹配

2.1.1　领导—下属匹配的研究起源及界定

2.1.1.1　起源：人—环境匹配

人与环境匹配的理念最早可追溯至 20 世纪 20～30 年代人际关系运动对组织管理领域的冲击。人际关系学说的出现，促使心理学家开始关注企业组织中个体和团队的行为和态度，许多研究者开始考察情境因素（如组织结构和组织文化）对个体行为的影响（Usdiken & Leblebici，2001）。默里（Murray，1938）的需求—压力理论以及戈尔茨坦（Goldstein，1939）对劳动者的身体素质和工作任务之间关系的探讨，被认为是早期的人—环境匹配研究（Schneider，Smith & Goldstein，2000）。随后，组织系统观的出现与发展推进了组织理论的研究。尤切曼和西肖尔（Yuchtman & Seashore，1967）指出，"投入—转化—输出"系统的协调能够提高组织效率。而诸如沟通、决策、控制、奖励等组织内部过程的相互协调是系统协调的基本原则（Likert，1967）。这些主流观点极大地促进了员工的发展和自我实现。此后，关于组织系统及其协调性的研究和观点越来越多，到 20 世纪 60～70 年代，以组织结构和组织过程协调为主的宏观研究与以组织中个体和团队协调为主的微观研究开始分化，分别向组织理论研究和组织行为研究深入发展（Usdiken & Leblebici，2001）。

在微观领域，个体反应受到人与环境的交互影响这一观点被学者们关注。这种互动理论认为，个体及组织结果受到个体特征和各种环境因素（如工作、文化、组织）的影响（Shaffer，1953）；是个体特征与情境因素的交互作用，而不是二者之一的单一因素，影响了个体的态度和行为（Schneider，1983；Terborg，1981）。默里（1938）的需求—压力模型（need-press model）是早期人—环境匹配研究的主要理论依据。基于模型，个体需求与环境中的相似特征（即模型中的"压力"因素）的一致性既可以促使个体需求满足，也可能导致需求困扰。谢弗（Shaffer，1953）基于该模型建立了"最优匹配模型（goodness-of-fit model）"的概念，同时考虑个体因素和情境因素对结果变量的影响。"最优匹配模型"的基本假设是个人变量（如需求或价值观）与个人或组织结果变量受到各种环境特征的影响（如工作、组织、文化）。他还利用该模型分析了个体需求差异与工作特征的关系。在这种互动学说的引导下，大量研究开始探讨人格特质和情境因素对个体行为的影响（如 Ekkehammar，1974；Endler & Magnusson，1976；Mischel，1973）。循此思路，不同研究领域的学者分别将匹配引入研究并定义了其含义。在教育心理学中，斯特恩（Stern，1970）将人—环境匹配定义为学生人格特征（即模型中的"需求"因素）与学校相应的氛围（"压力"因素）的匹配。在职业心理学中，廷斯利（Tinsley，2000）将人—环境匹配定义为个体特征与环境特征的契合，并强调是个体需求与职业环境供给之间的匹配。然而，互动理论并没有详细解释个人特征与外界情境是如何交互从而影响个体反应的，所以，"人与环境在某些相似特征上的高度一致能促使积极效果的产生"（Caplan，1987）成为互动理论作用机制研究的突破口。

在组织心理与行为研究中，以工作为对象，基于需求—压力理论和能力—要求理论的人—工作特征匹配最先得到发展（Ostroff & Schulter，2007）。如个人需求与组织所能提供的工作资源之间的匹配是人—工作匹配理论中比较核心的内容（Edwards，1991），尤其是关注于匹配与工作满意度关系的研究（如 Dawis & Lofquist，1984；Locke，1976）。在人员选拔方面，个人能力与岗位要求之间的匹配也倍受关注（Edwards，1991）。在 20 世纪 80 年代末 90 年代初，人—组织匹配成为研究热点。普遍认为，人—组织匹配是指个体特征和组织特征相似性（Chatman，1989；Kristof，1996）。

与此同时，领导理论中对领导—成员交换的探讨促使了领导—下属匹配问题的进一步发展。实际上，领导理论中暗含了领导—追随者相似的重要性，但领导—下属匹配却在匹配领域得到进一步发展。

2.1.1.2 人—环境匹配的形式

组织环境由多种形式的实体构成，个体与不同实体之间的匹配有不同的要求、并产生差异性的效果，因此，不同学者在研究时将环境因素（environment，E）操作化为不同水平的概念，如职业、工作、组织、团队等，相应地，就出现了人—职业匹配、人—工作匹配、人—组织匹配、人—团队匹配等研究领域。

（1）人—职业匹配。

在人—环境匹配研究领域，人—职业匹配是最广泛研究的、也是较为成熟的理论（Kristof-Brown，1996）。如休珀（Super，1953）提出职业发展理论，并认为人们选择职业时是根据该职业与自我意识（self-concept）的一致性程度而做出决策的。霍兰（Holland，1985）认为职业与人一样具有"性格特征"，他将职业的"性格特征"分为六大类，分别是实务型（realistic）、科学型（investigative）、艺术型（artistic）、服务型（social）、管理型（enterprising）、行政型（conventional）。个体根据自己的性格特征，选择与其最相似的职业类型，就实现了人与职业的匹配。人—职业匹配在个体职业选择和企业人才招聘时，具有显著的指导意义。

（2）人—工作匹配。

根据爱德华兹（1991）的定义，人与工作的匹配表现为两种形式。一是个人能力与工作要求的匹配（即要求—能力匹配），即员工知识、技能和能力与所从事工作岗位的要求相一致；二是个人需求与工作特征的匹配（即需求—供给匹配），即员工的需求、渴望或偏好在工作岗位上得到满足的程度。在这里，工作是指个体所从事的具体任务，而不是工作存在的组织（Kristof-Brown，1996）。人与工作匹配与个体职业选择（Cable & Judge，1996）、组织对求职者的吸引力（Judge & Cable，1997）、组织的雇用决策（Saks & Ashforth，1997）密切相关；当员工进入组织开始工作后，无论是能力—要求匹配还是需求—供给匹配，对工作满意度、组织承诺、离职意向、工作绩效、组织认同、主管满意度、同事满意度等都有显著的预测作用（Kristof-Brown et al.，2005）。

（3）人—组织匹配。

克里什托夫-布朗（Kristof-Brown，1996）在整合人—组织匹配的研究时认为，人—组织匹配是指个体与其所在组织的相容性，这种相容性表现为：（i）至少有一方能够提供另一方所需要的，或者（ii）双方在某些特征上有相似性，或者（iii）以上两种情况同时发生。这一定义被许多研究认可（Lauver & Kristof-Brown，2001）。个体与组织分享相似的价值观、人格特征、共同的目标时，容易促进亲密的关系、积极的感受、信任感和依附感（O'Reilly，Chatman & Caldwell，1991；Posner，Kouzes & Schmidt，1985；Vancouver & Schmitt，1991；Witt & Nye，1992），进而提高员工的工作满意度、组织承诺、个体生产率等（O'Reilly et al.，1991）。克里什托夫-布朗等（2005）元分析显示，个体与组织匹配与工作满意度、组织承诺、离职单身等有较强的相关关系，同时，这种匹配形式对于形成较高的领导满意度、同事满意度、提高下属对领导的信任、整体绩效和任务绩效都有显著作用。

（4）人—团队匹配。

人与团队匹配是指个体与所在工作团队的相似性（Kristof-Brown，1996），这种相似性表现在个体与其他团队成员在人口统计因素（Riordan，2000）、工作目标（Kristof-Brown & Stevens，2001；Witt，Hilton & Hochwarter，2001）、价值观（Adkins，Ravlin & Meglino，1996；Becker，1992；Good & Nelson，1971）、对工作氛围的偏好（Burch & Anderson，2004，2008）、对工作速度和方式的偏好（Jansen & Kristof-Brown，2005；Polzer，Milton & Swann，2002）等方面。当个体与所在团队的相容相似性更强时，个体对团队目标的认同、对团队成员的满意度、团队凝聚力的感知等方面都有更高的评价，从而会促进个体绩效的提高。

2.1.1.3　领导—下属匹配研究的界定

已有研究中对领导—下属匹配的定义并未达成统一的认识，原因在于该构念包含多种形式，如相似性、匹配、一致性、契合等词语使用上的差异，基于人格、价值观、目标等匹配内容上的多元，以及感知、客观、主观等测量方式上的不同。这些因素导致学者定义该构念的角度也多样化，增加了达成共识的难度。如施特劳斯、巴里克和康纳利（Strauss，Barrick & Connerley，2001）从感知到的人格相似性角度指出，领导与下属基于他们对彼此感知到的主观相似程度进行的判断。万维安、沈重天和张安（Van Vianen，Shen & Chuang（2011）从感知的角度对领导—下属匹配做了界定，他们认为，领导下属匹配是领导或下属对双方特征的相似性的感知。

基于对人—环境匹配概念的分析，本书将领导—下属匹配定义为领导特征与下属特征的一种相容性，这种相容性表现为：（i）领导与下属在某些特征上具有相似性，或者（ii）至少有一方能够提供另一方需要的东西，或者（iii）以上两种情况同时存在（Kristof-Brown，1996；Kristof-Brown et al.，2005）。领导—下属匹配强调在领导与下属对偶关系中特质的相似或能力的互补性。在本研究中，主要探讨价值观特质的相似性。

领导—下属匹配理论认为，领导是工作环境因素中的重要构成，与员工的个体接触非常密切，二者的互动对产出结果影响非常大。当领导与下属在特定特征方面比较相似或互补时，双方会表现出相互吸引的现象，从而增加彼此的正向感受，在互动中产生积极的结果，如高承诺、高信任、高满意度。相反，若领导与下属之间匹配程度较低，甚至不匹配，双方则表现出相互排斥的现象，并体验到负面情感，不利于形成高质量的领导—成员关系，从而影响绩效。

领导—下属匹配并不是一个新概念，但它作为人—环境匹配理论中的核心概念直到最近几年才受到学者重视。学者们之所以开始关注这一概念，主要有两个方面的原因。

第一，领导—下属匹配能有效预测个体与工作环境中其他因素的匹配。以往大量研究集中于人与工作的匹配、人与组织的匹配以及人与团队的匹配，实际上，领导被认为是组织的化身（Levinson，1965），也是员工适应工作和团队的促进者，员工与领导的匹配是预测并促进员工与其他因素匹配重要条件。在实际工作中，员工与领导在人格特征、工作价值观等方面的匹配，能创造良好的信任、沟通、合作的环境，从而激发员工的工作动机、提高领导对员工的领导效能。领导对与自己相似的员工更愿意提供资源。经过更多的授权、指导，员工与工作、组织的匹配程度也就越高。

第二，领导—下属匹配可以促进高质量领导—成员关系的建立，从而影响领导与员工在组织中的行为。已有研究证明，人与人之间的相似性能提高人际吸引的可能性以及相互喜爱的感情（Byrne，1969，1971），拥有相似的价值观、态度、喜好的伙伴之间人际关系更融洽。在工作环境中，对于工作事件的相同看法能促进建立稳定的关系（Fairhurst，2001）。领导与下属之间感知到更多的相似性和喜爱，可以预测未来的领导—成员交换关系（Dulebohn，Bommer，Liden，Brouer & Ferris，2012）。但同时，感知到的相似性是一个认知过程，会带来一系列的偏见和认知偏差。尤其是在领导—成员对偶关系建立的过程中，领导起着决定性的作用。领导对匹配的感知不仅影响管理决策、领导行为，还将进一步影响下属的行为结果、管理效能、团队绩效等。

2.1.2 领导—下属匹配的测量和分析技术

在组织研究领域，匹配的结构和测量是一个较为复杂且有争议的问题。已有研究中，普遍存在三种测量方式，即感知到的匹配、主观匹配和客观匹配。相应地，不同的结构采用不同的分析技术，不同的测量需要设计不同的数据采集方式。

（1）匹配的测量方式。

感知到的匹配（perceived fit）是一种常用的测量方式。感知到的匹配（相似性）是指在一个对偶关系中，一方对于彼此之间相似程度的判断（Turban & Jones，1988）。这种方式基于人与环境结合的视角，认为"领导—下属匹配"作为一个完整构念，重点在于强调"匹配程度"，因此在测量时，研究者会直接询问个体在"领导—下属关系"中双方对某些方面的匹配程度（或相似程度、相容程度）的评价（Cable & DeRue，2002；Judge & Cable，1997；Saks & Ashforth，1997）。通过测量个体直接感知到的匹配程度，可以直观地把握个体对这一关系的评价，并预测个体的态度和行为。但感知到的匹配也存在显著不足，即该方法无法考虑不一致效应的正负方向（即是个体特征高于环境特征，还是环境特征高于个体特征），将所有差异都当做不匹配（misfit）对待，这样就损失了大量的匹配信息。

主观匹配（subjective fit）是单一主体分别对人和环境双方特征做出评价，是一种基于个体的主观感知而进行的判断。在实施具体测量时，由个体评价自己在某一特征上的表现，同时评价个体感知到的环境因素（如组织、团队、领导）在同一特征上的表现。主观匹配测量方法聚焦于同一主体，将人与环境统一在同一个视角下，由单一主体的判断来确定匹配程度。这种方法在解释个体对自我和所处环境的认知是如何影响其态度和行为时，既能通过统计方法得到认知的匹配程度，同时也保留了个体与环境的差异性。

客观匹配（objective fit）是指匹配双方某一特征的客观相似性。在测量时，分别测量双方在某一特征上的客观表现，再将二者通过一定的统计方法整合起来，形成代表"匹配"概念的指标。在测量人—工作匹配、人—组织匹配、人—团队匹配时，工作、组织、团队的特点是由领导或团队其他成员的评价来代表的。由此可以判断，客观匹配是将人与环境当作两个独立的主体，通过分别考察两者的客观特点以分析匹配程度的一种方法。这种方法最大限度地保留了个体与环境的真实差异，能够清晰地判断客观存在的匹配对个体态度和行为的影响。

传统上，客观匹配和主观匹配是通过对人与环境因素在各特征上得分作代数差、绝对值差、平方差、马氏距离等指标（Edwards，1993）来得到匹配分值的。为了更全面地考察人与环境的交互作用，爱德华兹（1994a，1994b，2002；with Parry，1993）提出应采用多项式回归的方法，由三个二次项共同代表人与环境的交互作用。基于此，我们可以发现，主观匹配与客观匹配并未将"领导—下属匹配"当作一个整体构念看待，而是将"领导"与"下属"作为两个独立部分，考察了其交互、对偶关系。

现有研究中，对于这三种匹配概念的认识有很大的误区。首先，部分学者认为不论采用哪种测量方法，都能反映同一个构念，即"领导—下属匹配"（或"人—组织匹配"等）（Judge & Cable，1997；Kristof，1996；Verquer，Beehr & Wagner，2003）。具体选择何种方法，更多的是一种心理测量学的问题，而不是一个概念上的问题（Locke & Latham，1990）。其次，一些学者认为不同的匹配测量方法之间是替代性的关系，即由客观匹配、主观匹配这种计算个体与环境差值的方式带来的问题，可以通过感知到的匹配来避免（Locke & Latham，1990；Saks & Ashforth，1997）。如约翰斯（Johns，1981）所述，如果被试可以描述现存的组织环境和偏好的组织环境，那么，他们肯定也能直接报告我们希望测量的任何需要通过作差才能得到的概念。最后，更为普遍的，多数学者会采用一种测量方法，却基于其他测量方法的含义来建立假设和解释结果。例如，一些采用主观匹配方法测量个人能力与工作需求匹配程度的研究，却是基于感知到的匹配提出其研究假设。

（2）匹配的分析技术。

在一致性（包括匹配、相似性等）的研究中，差值法是常见的一种数据处理方式。差值法一般是指对两个测量变量做代数差、绝对值差、平方差或两变量平方差的和、绝对值差的和，以及 Q 分类值等（如

表 2-1 所示）。如自我—他人评价一致性对管理有效性的影响（Fleenor,
MaCauley & Brutus, 1996）；森杰（Senger, 1971）、图尔班和约翰斯
（Turban & Jones, 1988）、温哥华和施米特（Vancouver & Schmitt, 1991）、
韦斯（Weiss, 1978）研究领导—下属价值观匹配时也都曾采用过这些
方法。

表 2-1　　　　　　　　　　**组织研究中使用的相似性计算方法**

指标	表达式	指标	表达式
D		Q	
|D|	$\Sigma\mid X_i - Y_i \mid$	Q_q	
D^1	$\Sigma\ (X_i - Y_i)$		
D^2	$\Sigma\ (X_i - Y_i)^2$		
M's D		Q_r	

注：M's D 是指 Mahalanobis's D。本资料来自爱德华兹（1993）。

　　虽然差值法计算简便、使用广泛，但这种方法把个体特征与环境特
征的得分合成一个单一指标，在分析两变量的一致性时，在数据真实性
和方法论方面受到学界的质疑。该方法的不足具体表现为以下三点。

　　第一，概念模糊。由于差值法是将两个变量通过数学的方法合成一
个变量，缺少理论上的依据，因此形成的新变量不具有清晰的理论概念。
例如，在个人—组织价值观匹配的研究中，一方面，个人价值观与组织
价值观是两个不同的概念，另一方面，两个变量值可能来自不同的被试，
如果通过差值法将二者整合成一个变量，就混淆了不同主体的特征。这
样计算得到的差值，只能是一个主体相对于另一个主体的变化，而不能
被解释二者的"一致性"。

　　第二，信息缺失。在一致性的研究中，许多研究假设以这样的方式
提出：随着主体 A 与主体 B 在变量 X 上取值相等时（即匹配时），结果
变量 Y 取得最大（或最小）值。这类假设需要两个前提条件，一个是两
主体 A、B 在 X 上的取值以 Y 为对称，即不论 $X_A - X_B$ 取值是正还是负，
对 Y 的影响在方向上是一样的；另一个是当 $X_A = X_B$ 时，Y 值始终不变，
是一个常值。而实际中往往并不是这样。在张政等（Zhang et al., 2012）
对领导—下属主动性人格一致性的研究中发现，在一致性效应中，当领
导的主动性人格与下属的主动性人格都取较高值时（即高位匹配），领

导—成员交换关系相对于二者在低位匹配时更高；在不一致性效应中，当领导的主动性人格高于下属的主动性人格时，领导—成员交换关系比下属主动性人格高于领导主动性人格下的领导—成员交换关系更低。这意味着，不同的匹配/不匹配方向，对结果变量的影响不同，差值法并不足以反映这些关系。

第三，过于严格的约束条件。式（2-1）~式（2-4）是代数差和平方差的表达式及展开式。从式（2-2）中可以看到，代数差的方法中，X 和 Y 的系数相等、符号相反；从式（2-4）中可以看到，平方差的方法中，X^2 和 Y^2 的系数相等、符号相同，X 和 Y 的交互项 XY 的系数是 X^2 和 Y^2 的 2 倍，且符号相反。实际研究中，满足这些条件的数据非常少。不考虑这些约束条件而采取该方法进行一致性分析，都是不严谨的做法（Edwards，1994）。同时，对比式（2-2）和式（2-4）发现，两种差值法分别使用的是一次项和二次项回归，彼此完全不同。这也意味着，两种方法都损失了相当多的信息。

$$Z = b_0 + b_1 (X - Y) + e \qquad (2-1)$$

$$Z = b_0 + b_1 X - b_1 Y + e \qquad (2-2)$$

$$Z = b_0 + b_1 (X - Y)^2 + e \qquad (2-3)$$

$$Z = b_0 + b_1 X^2 - 2b_1 XY + b_1 Y^2 + e \qquad (2-4)$$

多项式回归法可以避免上述问题（Edwards，1994a，2002；Edwards & Parry，1993）。多项式回归引入多元变量和高阶因子，如两变量和二次项因子，结合三维响应曲面技术，从而反映多变量单独及交互作用。在一致性问题的研究中采用多元回归方程［如式（2-5）所示］，可以发现一致性效应与结果变量的关系是一个三维关系。在三维空间中，匹配主体双方（如领导价值观与下属价值观，代表着两个相互垂直的水平轴 X 和 Y，结果变量（如工作满意度）代表着垂直于 XY 平面的 Z 轴。这种方法有效地保留了不同主体的独立特征，还清晰地反映了二者交互效应对于结果变量的影响，逐渐成为一致性研究的流行范式（曲庆，高昂，2013；Cole，Carter & Zhang，2013；Zhang et al.，2012）。

$$Z = b_0 + b_1X + b_2Y + b_3X^2 + b_4XY + b_5Y^2 + e \qquad (2-5)$$

采用多项式回归方法验证匹配效应的存在后,仍需要通过响应曲面图的方式展现匹配效应的作用效果,同时需要验证在不同兴趣线上斜率和曲率的显著性程度,以判断匹配效应对结果变量的影响是否显著存在。这一部分将在第 4 章中作为分析技术进行探讨。

2.1.3　领导—下属匹配的影响效果

人—环境匹配理论认为,个体的行为是受个体特征及其所处环境因素共同作用产生的;当个体特征与工作环境相容时,能够带来积极的个体结果。作为工作环境中代表组织与员工交往极其密切的一个主体,领导的特征是否与下级员工匹配,对领导和员工的工作态度和行为均有非常重要的影响。

从匹配内容角度,领导和下属匹配的研究集中表现在人口统计学要素、领导风格、个人特质、价值观、目标等方面的研究。从结果变量角度,现有领导—下属匹配研究中,研究者更多地关注了个体层面的结果变量,如满意度、适应性、压力、离职和绩效。本小节将按照不同的匹配内容,分别梳理各类别下领导—下属匹配的影响效果。

2.1.3.1　领导—下属人口学背景匹配

当领导与下属在个人人口学背景(包括年龄、性别、种族、受教育程度、工作报酬)方面存在相似性时,双方的人际吸引力较高、互动的频率较多、下属的工作满意感较高,离职行为降低(如 Jackson, Sessa, Cooper, Julin & Peyronnin, 1991;Lincoln & Miller, 1979;Tsui & O'Reilly, 1989;Zenger & Lawrence, 1989)。

从关系人口统计学研究来看,贾奇和费里斯(Judge & Ferris, 1993)指出,浅层的人口统计信息的相似会影响领导对下属的情感认知,从而直接影响绩效评价结果。徐安实和奥赖利(Tsui & O'Reilly, 1989)研究得到相似的结论,即与直接上级在人口统计学方面不一致的程度越高,员工与上级的沟通就越少，且获得的绩效评价往往较低。金斯特伦和梅斯通（Kingstrom & Mainstone，1985）发现，领导对于其与下属熟悉程度的判断，与绩效评价和实际的销售业绩有正相关关系，这也意味着，在领导感知到相似的情况下，领导的主观绩效评价能够反映客观的业绩水平。

利登、韦恩和史迪威（Liden，Wayne & Stilwell，1993）研究发现领导—下属人口统计学信息的匹配对领导—成员交换关系的形成并没有显著的影响。鲍尔和格林（Bauer & Green，1996）也通过 205 对纵向数据验证了性别相似性对领导—成员交换关系的形成并没有显著影响。

部分研究者认为领导—下属人口学背景的匹配，会影响领导和下属对彼此深层次因素（如价值观、人格）匹配的感知（Tsui & O'Reilly，1989）。基于相似—吸引理论，由于浅层次的人口学背景因素最容易被双方感知，这种相互吸引效果会促使二者进一步接触，从而发现双方深层次的匹配。然而，随着领导与下属的长期深入交往，最初的基于性别、年龄、种族等特征相似/不相似分类的作用效果，会逐渐减弱（Harrison，Price & Bell，1998；Tsui，Egan & Porter，2002；Van Vianen et al.，2011）。

2.1.3.2 领导—下属价值观匹配

（1）对工作满意度的影响。

价值观一致的领导与下属有相似的行为动机和认知过程，能以更一致的方法解释周围发生的事件，采用相似的沟通方式（Schall，1983；Schein，1985）。这些一致的行为能促进双方建立和谐的关系，提高个体的积极情感，从而产生较高的工作满意度（Meglino，Ravlin & Adkins，1989，1991），增加下属对于整体工作环境的积极情感（Wexley，Alexander，Greenawalt & Couch，1980）。值得注意的是，大部分的实证研究均是在工作场所展开的。在这些情境中，领导与下属之间是以任务为导向建立关系的，双方通过具体的活动产生深入交流，容易发现更多相似性或产生其他情感关系。梅利龙、拉夫林和阿德金斯（Meglino，Ravlin & Adkins，1991）通过实验设计的方法，验证了在无任务导向的关系下，价值观一致性对个体满意度仍存在显著的正向影响。

奥斯特罗夫、希恩和金一（2005）自编了一个 18 条目的价值观量表，经过因子分析得到 4 个价值观维度，分别是人际关系维度（如团队导向、分享信息、相互支持）、开放系统维度（如灵活性、适应性、创新性）、理性目标维度（如职业化、好口碑、客户服务质量高）和内部过程维度（如关注结果、个人负责、对绩效期望较高）。他们基于 951 对银行职员与分支机构负责人的配对样本，采用跨层的多项式回归方法对领导—下属价值观匹配与工作满意度的关系在价值观四个维度上分别进行了验证，结果发现，领导—下属人际关系价值观、开放系统价值观、理性目标价值观匹配对工作满意有显著的影响，但这一作用比较微弱，且内部过程维度价值观匹配对结果变量的影响并不显著。研究者认为领导—下属价值观匹配与员工态度不相关。同时，在该研究中，研究者还对比了领导—下属价值观匹配与个人—组织价值观匹配对结果变量的影响，结果发现，领导—下属价值观匹配的作用显著弱于个人—组织匹配。

（2）对承诺的影响。

万维安等（2011）研究结果显示下属感知到的领导—下属价值观匹配对领导承诺和组织承诺均有显著影响。梅利龙、拉夫林和阿德金斯（1989）的研究也验证了二者价值观匹配对组织承诺有显著影响。

（3）对下属绩效和行为的影响。

荣大艾和阿华立（Jung & Avolio，2000）验证了领导—下属价值观匹配在变革型领导与下属工作绩效之间的中介作用，结果显示，领导通过向下属描绘愿景，促使下属内化组织和个人的价值观，提高下属对价值观匹配的感知，从而提高下属的工作绩效。

布朗和特雷维尼奥（Brown & Trevino，2006）验证了领导—下属价值观一致性对组织中偏差行为的影响。该研究基于 177 个团队数据，分别考察了价值观一致性在魅力型领导与团队偏差行为和个体偏差行为关系中的中介作用。研究中将领导—下属价值观一致性操作化为团队层面。结果表明，在团队层面，价值观一致性对团队偏差行为无显著影响，而在个体层面，领导—下属价值观一致性显著影响了个体人际偏差行为，表现出完全中介作用。这表明领导与下属的价值观一致性对于规范下属行为有重要作用。

（4）对领导行为的影响。

根据认知过程理论，在领导与下属的对偶关系中，领导和下属感知到彼此相似，会采用不同的行为作为回应。因此，领导—下属匹配不仅会影响下属的行为，还会影响领导行为。韦斯（1978）验证了领导—下属客观价值观匹配对领导成功、领导能力和领导深思熟虑（superiorconsideration）之间的关系。研究结果发现，由领导自评的深思熟虑行为与价值观匹配显著正相关。而下属自尊能够调节下属感知的领导成功和领导能力与价值观匹配的关系，表现为，相对于高自尊的个体，低自尊的个体感知到的领导能力与领导成功与价值观匹配的关系更显著。

（5）对领导—成员交换关系的影响。

根据相似—吸引理论，具有相似性的领导与下属之间会产生相互吸引力，这种积极的情感能够促进二者建立高质量的人际关系。万维安等（2011）采用中国台湾的样本，探讨了在高权力距离和垂直权力管理的环境下，领导—下属匹配对领导—成员交换关系的影响，研究结果显示领导和下属感知到的领导—下属价值观匹配对领导—成员交换关系均具有显著的正向预测作用。

此外，领导—下属价值观匹配是指领导者的价值观与下属的价值观相一致的情况，二者的匹配不仅影响下属的态度和行为（Meglino et al.，1991），对团队绩效也会产生影响（Giberson，Resick & Dickson，2005；Hoffman et al.，2011）。吉贝尔逊、雷西克和迪克森（Giberson，Resick & Dickson，2005）指出，有相似的价值观体系的人们会以相似的方式理解同一外界刺激，这将促使人际间的沟通，允许彼此相互预测对方的行为，使团队更有效地整合个体的努力以实现共同目标。

2.1.3.3 领导—下属人格匹配

领导与下属在人格方面的匹配，显著影响下属的工作态度、工作绩效、领导—成员交换关系、领导授权、领导对下属的绩效评价行为

（Bauer ＆ Green，1996；Deluga，1998；Strauss，Barrick ＆ Connerley，2001）。

鲍尔和格林（1996）设计了一个纵向研究验证了领导与下属在积极情感特质（类似于外倾性人格的特质）方面的匹配对领导—成员交换关系质量的影响。他们通过对 311 位毕业生长达 34 周的跟踪调研，发现领导—下属积极情感特质匹配显著正向影响领导对下属的绩效评价和领导授权行为，进而对领导—下属交换关系质量产生正向预测作用。该研究证明了情感特质的相似性能够促进领导与下属建立积极的关系，在这一过程中，通过信任机制产生的领导授权行为发挥了显著的中介作用。同时，该研究还验证了性别的相似性对于建立领导对下属的信任或下属对领导的信任并无显著预测作用，这与之前的研究结果相一致（McAllister，1995；Orbell，Dawes ＆ Schwartz-Shea，1994），但性别相似性对领导—下属关系建立的初期阶段具有显著的影响。

德卢加（Deluga，1998）基于商学院在职学生及其领导样本，验证了领导—下属责任心匹配对领导评价的下属角色内绩效有显著正向预测作用。

施特劳斯等（2001）基于大五人格，验证了领导感知到的领导—下属人格匹配对领导评价的下属绩效有显著正向影响。研究发现，在与绩效相关的人格维度（外倾性、责任心和情绪稳定性）上，领导者感知到的匹配程度越高，其对下属绩效的评价越高。同时，研究还发现领导对下属的喜爱中介了情绪稳定性和绩效评价之间的关系。

绍布勒克和拉姆（Schaubroeck ＆ Lam，2002）验证了领导—下属人格相似性对领导—下属关系质量和下属晋升机会的关系。该研究结果显示，领导—下属在四个维度的人格类型（包括外倾性、敏感性、思维和判断）的匹配均与二者关系质量和下属的晋升机会正相关。

张政等（2012）以来自中国某银行 33 个信用卡服务中心的 174 位服务人员作为被试，基于 3 个月的纵向领导—下属对偶数据，采用多项式回归和曲面分析的方法，对领导者—下属主动性人格匹配对下属工作满意度、情感承诺、工作绩效进行了探讨。研究发现，领导—下属主动性人格对工作满意度、情感承诺、工作绩效均存在显著的一致性效应。同时，该研究验证了领导—下属主动性人格对领导—成员交换关系的一致性效应，及领导—成员交换关系在三个结果变量之间的中介效应。该研究还发现，当领导与下属的主动性人格相一致时，领导—成员交换关系质量最高，任何偏离一致性线的点，所对应的领导—成员交换关系质量都是降低的。同时，相对于领导—下属同时为低主动性人格，当领导和下属同属于高主动性人格时，领导—成员交换关系质量更高。而相对于领导主动性人格高于下属的情况，下属的主动性人格高于领导时，领导—成员交换关系质量更高。

2.1.3.4　领导—下属目标匹配

当领导与下属在工作目标方面具有一致性时，个体的行为和态度同样受到这种一致性的影响。

利那（Leana，1987）通过实验研究的方法验证了领导—下属目标的一致性会影响领导决策过程。当领导认为下属感知到的组织目标与自己相一致时，会让渡甚至放弃与工作事件相关的决策权，交由下属独立完成。这一研究表明，下属的特征会影响领导的授权行为。

温哥华和施米特（1991）以及温哥华、米尔萨普和彼得斯（Vancouver, Millsap & Peters, 1994）采用中学校校长和老师为样本，分别采用362 所和 364 所高中的校长和老师配对样本，验证了领导—下属目标一致性的影响效果。该研究选择了 16 项表述清晰的目标（如学生的基本技能、课程设置范围、员工发展、职业教育等）作为匹配的内容，采用跨层的方法验证了领导与下属目标一致会提升教师的工作满意度、组织承诺，并降低教师的离职意向。

威特（Witt，1998）基于五个组织的 979 名工人样本，验证了领导—下属工作目标匹配能够调节组织政治与组织承诺、工作绩效间的关系，即当下属与领导对工作目标认识更为一致时，组织政治对组织承诺和工作绩效的负面影响将得到削弱。

2.1.3.5　整体匹配感知

图尔班和琼斯（1988）开发了 3 个条目的量表测量领导下属感知到的整体匹配性，包括"我的领导和我在视野、观点和价值观方面非常相似""我的领导和我看问题的方式大部分一致""我的领导和我在许多方面都非常相像"。他们以医疗系统 25 名领导和 115 名下属的配对数据，采用这一量表验证了感知到的匹配对于下属的绩效有显著的预测作用。

随后，利登、韦恩和史迪威（1993）基于图尔班和琼斯（1988）的量表，增加了 3 个关于处理问题方面相似性感知的条目，"我的领导和我处理问题的方式很相似""我的领导和我就某一问题提出相同解决办法时，思路是很相似的""我的领导和我有相似的分析问题的方法"。利登等（1993）采用这一量表，对 166 对领导—下属对偶数据进行了长达 6个月的跟踪研究。该研究验证了领导和下属双方感知到的整体相似性对领导—成员交换关系都有显著的正向预测作用。

恩格尔和洛德（Engle & Lord，1997）则以利登等（1993）的量表为基础，增加了 4 个关于参与决策方面相似性感知的条目，同样验证了感知到的领导—下属相似性对领导—成员交换关系质量的显著影响，以及下属对领导的喜爱、领导对下属的喜爱都能中介这一关系。

2.1.3.6　其他内容的匹配

黄旭和伦军（Huang & Iun，2006）研究了领导—下属成长需求强度匹配对于态度和行为的影响。该研究在香港和澳门两特别行政区的 31 个组织中收集了 205 组领导和下属配对数据，由领导和下属分别填写各自对成长需求强度的判断，通过回归分析的方式，分别验证了领导与下属在成长需求方面的匹配对个体的角色内绩效、角色外行为、下属对领导的忠诚和信任均有显著正向影响，同时发现，下属感知到的整体相似性中介了领导—下属成长需要匹配与下属对领导的信任和忠诚的关系，而领导感知到的整体相似性中介了领导—下属成长需求匹配与领导评价的下属角色内和角色外绩效的关系。

2.1.3.7 领导视角的领导—下属匹配

领导—下属匹配涉及领导和下属两个主体的相互关系，以往研究绝大多数是基于下属的视角分析这一关系（Turban & Jones，1988；Wexley et al.，1980）。然而沙因（Schein，2004）曾指出，领导者通过其价值观和行为确实能够影响下属对环境的感知，进而影响下属的态度和行为。万维安等（2011）研究也表明领导对二者相似性的感知同样影响领导—下属关系。因此，从领导视角展开研究，也是领导—下属匹配领域的重要内容。

利登等（1993）测量了领导感知到的领导—下属整体相似性，研究发现，领导感知到的相似性能够影响领导对下属的态度，感知到的相似程度越高，领导对下属越喜爱，领导—成员交换关系质量就越高。恩格尔和洛德（1997）的研究也从领导的视角证明了这一结论。这两项研究均表明，价值观匹配能够影响个体的认知过程，当认知主体感知到匹配现象的存在，基于相似—吸引理论，认知主体会对另一方给予较高的评价。

此外，领导感知到的匹配还能够影响下属对领导的承诺感。万维安等（2011）研究发现领导感知到的匹配对下属的领导指向的承诺有显著影响，且领导—成员交换关系能够中介二者的关系。

2.1.4　小结

以上从领导—下属匹配概念的起源及界定、测量方式和分析技术、不同匹配内容的影响效果等方面对领导—下属匹配的文献进行了梳理和分析，图2-1能更清晰地表明目前关于领导—下属匹配的研究成果。由以上分析可见，尽管领导—下属匹配并不是一个新概念，但作为一个研究课题，它才得到学术界的关注，其内涵、认知机制、影响效果等方面仍需要进一步的探讨。一方面，关于领导—下属匹配的研究多集中在个体的态度方面，如满意度、组织承诺等，较少涉及个体的行为，如组织公民行为;另一方面,传统的差值法或感知到的匹配测量方法不能详尽地解释两个主体特征匹配所包含的各种信息,通过更有效的研究方法分析匹配对组织中个体态度和行为的影响成为重要的问题。

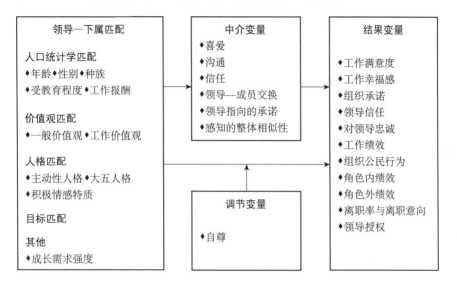

图 2-1 领导—下属匹配的影响效果及作用机制

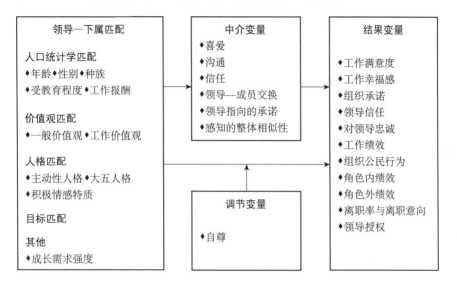
扩展阅读

"关系"对个体职业发展的影响①

中国人在交往中很注重人情,个体在职业发展过程中通常受到各种关系的影响。组织内部的关系包括同事关系、领导关系。与同事良好的关系有助于个体绩效的提升和自我效能感的增强;与领导良好的关系对个体的晋升速度、薪酬水平以及对组织的认同感和归属感有积极的影响。组织外部的关系如亲朋好友关系、政府关系、商业关系都是个体重要的社会资源,良好的组织外部关系对个体的职业发展具有促进作用。

① 本文引自:周文霞,潘静洲,庞宇."关系"对个体职业发展的影响:总述与展望.中国人民大学学报,2013(2):148-156.

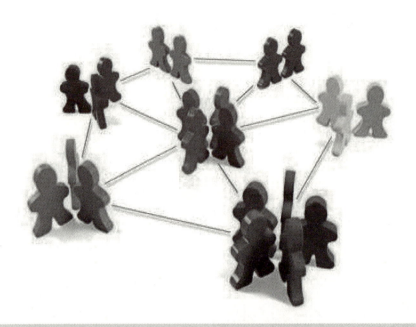

（一）背景

"关系"是一个在中国社会被经常提及的词汇。"找关系""走后门"虽然为社会舆论和大众所诟病，然而，现实生活中这样的现象却极为普遍，甚至被认为是中国文化的一部分而无法从根本上消除。关系在中国社会的重要性、独特性和普遍性无可置疑，以至于西方学术界直接用汉语拼音"Guanxi"作为一个构念代表中国特有的关系现象。关系同时被认为是对个人职业发展具有决定性影响的因素。事实是否如此？如果是，关系又是如何影响个人职业生涯的？关系作为社会关系在华人社会的一种独特表现形式，与西方所提出的"社会网络（network）""社会资本（social capital）""强弱联系（strong/weak tie）"等构念意义相似，但又不完全相同。因此，这些问题引起了研究者的极大兴趣。

陈均、陈天铭和黄旭（Chen，Chen & Huang）利用"business source premier，BSP"数据库对近20年来（截至2010年底）发表在英文期刊上的有关"中国人关系"的研究进行搜索，结果发现235篇次文章，分别发表在不同学科的58种期刊上。本书聚焦于关系在职业发展中的作用，因此，我们缩小了对文献的搜索范围，使用"business source complete，BSC"（BSP 的升级版）数据库分别以"career""guanxi""job"为关键词，在不对时间做限制（搜索时间为 2012 年 7 月 16 日）的条件下，逐次对文章题目、关键词和摘要进行搜寻，一共发现了 44 篇次文章。考虑到一些学者可能不直接使用"guanxi"一词，而是借用西方的术语来研究中国的关系现象，因此，我们再次使用"Chinese network career Chinese tie Career"和"Chinese social capital career"为关键词，重复上面的过程，结果找到了 53 篇次文章。然而，通过与已知文献的对比，我们发现，某些涉及职业发展与关系的重要文献仍然没有被涵盖其中。原因是这些研究本身并不是直接着眼于关系对职业发展的影响，但其结论却直接或间接地揭示了关系对某特定人群的某职业发展阶段的影响作用。一些研究讨论组织间关系对企业绩效的影响，似乎不涉及个人的职业发展，然而，组织间的联系归根结底仍然是对应位置上的人的联系，而组织绩效的提升必然也会促进相应人员的职业发展。因此，我们把没有直接提及但却从某个侧面反映个人关系对职业成功影响的文献也纳入研究的范围。本研究对发表在国际期刊上涉及关系对职业发展影响的文献进行了系统的梳理与整合，试图揭示关系问题的研究脉络，分析其研究结果，探讨未来可能的研究方向，以促进更多相关研究的产生。

（二）关系的内涵与测量

关系是一个非常复杂的构念，我们需要首先明确关系的内涵，才能进一步探讨关系的测量。

1. 关系的内涵

尽管关系现象自古有之，但关系作为一个学术研究的构念最初出现于 20 世纪 70 年代。在我们所掌握的文献中，雅各布斯（Jacobs，1979）是最早的一篇开展关系研究并得到广泛认可的文献。雅各布斯认为，关系是基于某种共同的特点、具有排他性的联系。学者

们在此基础上又提出了不同的定义。黄文正（Hwang）认为关系是两人之间互惠的人情交换关系。陈天铭和乔斯沃尔德（Tjosvold）认为关系是决定两人之间相互对待的行为和方式的质量的联系。有些学者强调关系中交换的过程，认为关系指通过以互惠为原则的人情和责任的交换而建立起来的特殊的两人关系。陈均和陈天铭则强调关系双方的契约关系，指非正式的、特殊的两个人之间的人际联系，并且这两个人之间具有一种无形的心理契约，以遵循保持长期关系、相互承诺、忠诚和义务等的社会准则。

通过对文献的分析可以发现，关系具有以下基本要素：第一，虽然关系也可以指代多人关系，但是其基本单位是两人关系。第二，两人之间要具有某种共同的非正式的联系（比如同乡、同学，或者有共同的朋友），正式的工作联系是不算的（比如商店里的服务员与顾客），但是可以而且经常是两者兼备。第三，关系的双方遵循以（人情）交换为基础的回报原则，也就是古人所说的"礼尚往来""投桃报李""己所不欲，勿施于人"。第四，关系当中既有情感性成分，又有工具性成分。不过，归根到底，关系的本性是工具性的，这一本性往往又是通过情感性的过程来实现的。比如，过节探望、赠送礼物、请客吃饭，表面上都是以表达情感为目的，而背后可能而且常常隐藏着短期或长期的功利性诉求。第五，关系的双方具有一些彼此默认的非官方的心理契约，这些契约就是维持和发展关系的基础。

关系一词极为广泛地为中国人所使用，一些西方学者甚至认为关系是一种复杂的、多层面的社会文化现象，它很难被科学地概念化和工具化。我们更倾向于将关系看做是一种现象而非一个构念，可以从不同角度去探索它，从而产生不同的构念。比如：探讨关系的远近，可以称为关系质量；探讨关系带来的资源，可以称为关系资本；探讨关系的网络构成，可以称为关系网；探讨关系的实践，则可以称为关系行为。下面关系的测量部分，我们就会结合这些不同的关系构念进行讨论。

2. 关系的测量

（1）关系基础的测量。

关系基础指先前存在的两个互动个体之间的特别联系。一些学者试图通过对关系基础的研究揭示关系对于不同群体的效应。研究者们已经发现了一系列对关系有作用的联系，如同乡、同学、同一党派、同姓等。樊景立（Farh）等通过八种特殊的纽带关系来测量关系基础，即以前的中小学同学、亲戚、同姓、同乡、以前的大学同学、以前的老师或学生、以前的老板或者下属和以前的邻居。

虽然对关系基础的研究可以为我们清晰地揭示不同关系类型的不同效应，但是，对于类型的测量存在以下缺陷：其一，忽略了关系的动态性。很多研究都表明关系是不断变化的，而类型论则假设关系是静态的。其二，类型间有可能相互重叠（比如同乡也可能是同学等）。其三，没有也很难穷尽所有的关系基础，比如同在某个协会任职等。其四，得到的信息不够丰富。这样的研究只能按照关系基础进行分类，而无法得到同一类型不同个体间关系的差异（比如同学之间的关系是有差异的），或者说更加量化的差异。因此，越来越多的学者开始关注关系的质量。

（2）关系质量的测量。

关系质量的测量主要用于研究两人间的关系，也有研究测量网络中的关系质量。领导—下属关系（supervisor-subordinate guanxi，SSG）是其中的一个重要领域。到目前为止，比较为学界所接受的量表有两个。一个是罗智泉、王满伟和王翔（Law，Wong & Wong）开发的单维度的领导—下属关系量表。该量表共包含 6 个关系行为的条目，通过让被试评价条目中的行为发生的可能性来判断关系的质量。他们报告的内部一致性信度为 0.84。但是，一些学者认为该量表没有涵盖领导—下属关系的全部内涵。因此，陈均等开发了多维度的领导—下属关系量表。该量表包括 12 个条目，均是对领导—下属关系的描述，分为情感依附、个人生活嵌入和主管顺从三个维度。三个维度的内部一致性信度依次为 0.85、0.82 和 0.87。

对于同事间关系质量的测量，陈均和彭勇（Peng）开发了同事关系质量问卷。该问卷分为情感性和工具性两个维度，共包括9个条目，是对于双方关系状态的陈述。他们报告的分问卷的信度分别为0.8和0.9。除了上述关系质量的测量工具以外，还有一些因为某种特定研究目的而编制的关系质量问卷。比如，黄旭、邵顺然和曾英喜（Tsang）编制了测量不同组织间的跨界人员（boundary spanning personnel）的关系质量的问卷。总的来说，关系质量的测量主要是通过被试填写问卷来完成的。关系质量测量的优点在于能够较为准确地反映两人间关系的亲密程度，缺点是多用于两人间关系的测量，难以提供关系网络中不同个体间的信息。

（3）关系网络的测量。

本类研究测量的对象是被试的关系网络，一般借鉴西方社会网络的测量方法，首先让被试罗列出与自己关系密切的人的信息（如与自己的关系、社会地位、年龄、性别等），通过对这些关系网络信息的研究而得出结论。比如，罗伊（Roy）等人让被试写出6个对其职业发展起过关键性作用的人的年龄、性别等信息，从而分析经理人员职业成功社会网络的构成。边淑娜（Bian）通过分析中国人在寻找工作时的关系网络，证明了强关系在就业中的重要作用。关系网络的测量可以为我们较为全面地揭示某个体的社会资源概况，但是其不足之处是被试在提供关系网络（意味着不止一个关系对象）信息时要花费相当长的时间和精力，从而没有精力更细致地提供两人间交往的信息。另外，关系网络的测量也是静态的，缺乏对动态性信息的描述。基于关系质量和关系网络测量各自的不足之处，有学者认为可以将两者结合起来使用，即被试除了描绘整个网络概况外，还提供一些简要的细节信息。

总而言之，不同的研究目的决定了学者们所选择的切入点不同，从而采取了不同的测量方法来探讨关系的不同方面。这也充分地验证了前文所提到的观点——关系是一种社会现象，而不应该被直接作为一个学术构念。

（三）组织外部关系对个体职业发展的影响

组织外部关系主要包括特殊关系、政府关系与商业关系。组织外的社会关系对于个体职业成功经常起着令人意想不到的推动作用，甚至在某些时候可以在很大程度上改变职业发展路径。

1. 特殊关系

西方学者将中国社会中的亲属关系与朋友关系统称为特殊关系（particularistic guanxi tie）。研究表明，中国人对于特殊关系有着特别的偏爱和信任。就关系的质量而言，特殊关系又可以看成是强关系。在中国，亲属或熟人这样的强关系在个人的职业生涯发展过程中发挥着举足轻重的作用。

西方的研究认为，人们在寻找工作时主要是通过弱关系来获得更多的信息资源，因为弱关系的范围更广、跨越的社会阶层更多。然而，边淑娜首次提出，在中国社会，特殊关系（强关系）能够发挥更重要的作用。他通过对 1988 年发放的 1008 份问卷的数据进行分析发现，在当时政府统一分配工作的背景下，个人的强关系对于找到一份满意工作有着非常重要的积极影响，求职者和最终实施帮助的人通常是通过与两人都有较强关系的中间人介绍。数据分析结果显示：43.2% 的帮助者与求职者是亲属关系，17.8% 是朋友关系。但是，这一结果是在当时具有计划经济色彩的统分统筹的就业机制中得到的，那么，特殊关系在现代市场经济体制下是否仍然具有同样的效力呢？为此，边淑娜和洪明辅（Ang）将中国的数据与市场经济制度比较完善的新加坡进行了对比。结果发现，虽然新加坡和中国在劳动力市场和基本的经济社会制度等方面都有很大的差异，但是，由于受到华人社会的共同影响，关系在工作转换中几乎发挥着同样的作用——强关系的作用仍然显著。上述研究都是聚焦于城市地区的就业市场。实际上，关系在农村地区的作用更加重要。张军和李泽（Zhang & Li）通过对东北地区的农村家庭进行调查，验证了亲属关系对于寻找非农业性工作的积极作用。具体而言：首先，当

地领导干部的家庭成员更容易在当地乡镇企业找到一份更理想的工作。其次，外地的关系网络对于找到工作并没有直接的帮助。最后，关系在教育程度与获得工作之间起着正向的调节作用。

除了有助于寻找工作外，特殊关系对其他方面也有积极的影响。樊景立等发现，人们对于具有特殊的亲缘或地缘基础的商业关系给予更高水平的信任。张政聚焦于关系对于进城务工人员在城市化过程中的作用。他们在2003～2005年间，对33名女性进城务工人员进行了跟踪研究，发现她们在寻找工作以及处理生活、工作中的各种问题时，显著地依赖亲属、朋友和同乡关系。不仅求职者倾向于通过关系网络来寻找工作，而且雇主们也乐意通过亲属或熟人关系来寻觅员工。张政发现雇主倾向于使用关系网络来招工。可见，特殊关系在中国社会具有非常重要的作用。

2. 商业关系

宏观层面的关系研究表明，公司层面的关系及关系策略在市场中的运用对于市场份额、投资回报、增长率等绩效指标都有积极的影响。这为商业关系影响个人职业发展提供了实证支持，因为所代表的公司从商业活动中获利，自然有助于当事人在该公司以至于将来的职业发展。具体而言，与商业活动中合作伙伴良好的个人关系，会有助于个人绩效的完成，同时促进两个组织间的合作与发展。

首先，在供应厂商—经销商合作关系的研究领域，一些学者认为代表供应商和经销商的具体工作人员更愿意通过个人的、非正式的渠道和关系来增进双方的信任和合作。黄旭、郗顺然和曾英喜发现，公司间的跨界人员之间的关系质量能够降低供应商与零售商之间的摩擦，并增进彼此间的合作。其次，就买卖双方而言，个人关系也被证明是获得成功非常重要的因素。研究表明，良好的关系可以增强采购商对于供应商能力的信任。最后，创业者（或企业家）的创业成功与其企业的成长在很大程度上也源于关系。一项研究发现，在对外扩张过程中，中国香港的企业家经常通过其个人关系来寻找国际间的商业机会。国际贸易领域的研究也表明，关系在克服非关税壁垒方面也发挥着重要的作用。劳赫和特林达德（Rauch & Trindade）发现，华裔间的关系纽带可以增进与东南亚国家间的双边贸易，使买卖双方都从中获利，甚至有些公司将关系作为一种企业的竞争战略，并且获得了很好的回报。

（四）组织内部关系对职业发展的影响

一个人的职业发展总要依附于某个组织来实现，因此，个体的职业发展必然与所在组织的内部关系网络有密切关系。比如，领导是个人职位和薪酬变化的直接决策者，而与同事关系的质量又影响工作绩效的完成。比起外部关系，组织内部关系对于个体职业发展的影响更为直接和显著。

1. 同事关系

对于职业发展的研究表明，对于职业成功起重要作用的关系是在工作过程中结识的工作伙伴。樊景立等针对中国台湾地区560对领导—下属关系的一项研究表明，保险公司的销售人员在其工作过程中利用家人或熟人关系的比率非常低，在2.1%～3.4%之间。而在一项针对中国大陆公司主管进行的调查中发现，82.4%商业关系是从日常工作中得来的，同学关系只占了其中的10.7%，亲属关系占4.4%，同乡关系占2.4%。与工作领域中的社会网络保持紧密（强关系）而非疏远（弱关系）的关系，有助于中国的员工获得更高的职业成就。

工作关系对于职业发展具有重要价值。人们要跟同事们一起完成工作任务，从而获得工作绩效，因此，与同事的关系在很大程度上可以影响一个人的职业发展。廖兴森、柳博和吕健（Liao、Liu & Loi）就发现，与工作团队中的其他成员保持良好的交换关系（team-member exchange），可以提高个人的自我效能感，从而有助于个人创造力的发挥和发展。但遗憾的是，专门探讨中国文化背景下同事间关系的研究并不多。陈均和彭勇是其中之一，他们通过实验研究和问卷研究探讨同事关系的组成及其动态发展过程，研究表明，在同

事关系中除了具有工具性成分外，同样也存在情感性成分。工具性维度与工作有更紧密的联系，而情感性维度则与非工作活动相关。

2. 领导关系

领导是决定员工职业发展顺利与否的重要因素之一。在中国，领导对于员工的管理决策（如职位提升或任务分配）在很大程度上取决于与员工个人关系的好坏。从西方的领导成员交换理论（leader-member exchange relationship，LMX）的视角、以中国员工为样本的研究表明，LMX对于员工的主观职业成功（如工作满意度）和客观职业成功（如工作绩效、组织公民行为）都有显著的影响。罗智泉、王满伟和王翔提出了领导—下属关系这一本土化的构念。他们认为，LMX中，领导与下属的互动与交换只限于工作范围之内，而中国的领导—下属关系则不局限于此。通过对189对领导—下属关系的问卷调查，他们发现，在控制了LMX的效应之后，关系仍能够显著地影响红利（或奖金）分配和晋升机会，对工作分配有间接的预测效果，但是对领导对下属绩效评价的影响不显著。陈均和乔斯沃尔德从中国—美国跨文化的视角，从共同决策（joint decision making）和领导—下属建设性意见冲突（constructive control-versy）这两方面比较了两者的差异，得到以下结论：其一，SSG对共同决策有显著影响，但是对建设性意见冲突影响不显著，而LMX则对两者都有显著影响；其二，SSG的积极影响对于"中国领导—中国下属"影响显著，而对"美国领导—中国下属"影响不显著。尽管这两个构念植于社会交换理论，但是两者在交换的内容上有本质的不同：LMX侧重于实用，而SSG则更侧重于情感。

领导与下属良好的关系互动过程可以增进双方的信任，带来一系列积极影响。首先，由于领导的偏爱，员工可以在工作中获得更多的信任，从而得到更多的工作资源、物质回报和晋升机会，间接或直接地促进员工职业生涯的成功。其次，除了客观的职业标准（如职业等级、薪水等），一些主观的心理感受对于职业的发展也有着至关重要甚至决定性的作用。张智长（Cheung）等发现，工作满意度在 SSG 对一系列结果变量（如离职倾向、参与管理、组织承诺）的影响中起着中介作用。良好的 SSG 还可以提高员工对组织公平的认知，从而有更高的职业成功感。最后，员工对领导的信任和喜爱，可以提升员工的归属感，增加员工对组织工作的参与程度，提高员工对组织的承诺，从而降低员工的离职倾向，有助于员工在同一组织内持续的职业发展。

与下属保持良好的关系同样有助于领导本人的工作以及职业发展。领导们的主要职责是管理和激励员工，其绩效与员工的个人工作表现有着直接的联系。当员工对工作认真负责，甚至表现出更多的利他行为时，整个团队和组织就更容易获得成功，自然也会有助于领导的个人发展。领导可以在与下属的个人关系中，获得员工更多的信任和更好的沟通，从而更多地让员工参与到组织决策和讨论的过程中，并且促进员工表现出更多的组织公民行为。

（五）关系影响个体职业发展的理论解释

通过对以上实证研究成果的回顾与总结，我们可以看到，无论是组织内部关系还是组织外部关系，都会对个人的职业发展产生深远的影响。但是，如何解释这些实证的研究成果呢？事实和现象只有得到理论的解释，才更具有说服力。我们将从已有的理论出发，从不同的角度对上述研究结论进行解释和说明。

1. 资源论

如前所述，由于关系是社会关系的一种，因此，学者们多使用社会关系的理论去解释中国的关系现象。社会资源理论认为，社会网络中的社会资源并不是个人直接占有的，而是通过其直接或间接的社会联系得到的。社会网络资源越丰富，越有助于满足个人生存和发展的需要。除此之外，社会资本理论、结构洞理论等也经常为研究者们所引用。这类理论的共同特点就是将关系看做是一种先天或通过人情交换而获得的、为人们所利用的资源，由于关系而得到的组织内外的资源越多，人们就越容易在职业发展上获得成功。

2. 交换论

在研究两人间的动态性关系时，社会交换理论是经常被学者们采用的理论视角。社会交换理论认为，社会交换是当对方做出回报性反应就发生、不做出回报性反应就停止的活动。根据回报的性质，社会交换理论将报酬分为内在性报酬（即在社会互动过程中所得到的心理满足，如社会赞许、快乐、感激等）和外在性报酬（即通过社会交换而得到的实质性的回报，如金钱、机会、帮助等）两种，进而将社会交换分为三类：第一类是内在性报酬的社会交换，以交往过程本身为目的；第二类是外在性报酬的社会交换，以交往的结果为目的，将交往的过程看成实现目标的手段；第三类是混合性的社会交换，将两种报酬相结合。这正好切合了关系的研究成果（工具型、情感型和混合型的关系类型）。区别于西方社会，在中国社会，关系的交换过程通常是通过人情交换来完成的，而人情中既有情感成分又有工具性成分。人们在通过人情交换的关系互动过程中，既可以得到以情感为纽带、对于职业发展有心理支持作用的内在报酬，又可以得到对职业发展有直接的、实质性帮助的外在报酬。

发展论关系作为一个本土化的构念，除可以使用西方的相关理论解释外，还具有其独特的特点和原则。因此，研究者们逐渐发展了一些不同于西方的理论。人情是具有中国特色、在关系交换中又具有重要作用的一个构念。黄文正（Hwang）提出了人情的三个含义：移情；具有能进行社会交换的资源；遵守人情交换的社会规范。社会规范中最重要的一条就是回报性。杨博（Yang）总结了关系中的回报原则：第一，当别人给予人情时，应该接受；第二，当被给予人情后，有义务去还人情；第三，尽量在短时间内还人情；第四，当别人向你求人情时，至少要部分地同意；第五，需要静静地等待别人还人情，而不应该主动去要求。在这些基本原则的基础上，一些学者提出了关系发展的动态模型。陈均和陈天铭将关系的发展分为三个阶段：关系的起始阶段、关系的增进阶段和关系的使用阶段。第一阶段，关系的双方主要通过相互的熟悉过程识别并建立关系的基础，遵循的原则是自我暴露，也就是通过自我暴露来增进彼此的了解。第二阶段，通过工具性和情感性的互动来增进双方的关系质量，所遵循的原则是动态的回报性。第三阶段，运用关系获得利益，并调整对关系质量的认知，这一过程通过人情交换的方式来完成，所遵循的原则是长期的公平性。

（六）对未来研究的展望

关系研究经过 30 多年的发展，已经积累了大量的成果。在中国社会，关系对于职业发展的积极作用得到了大多数研究者的认同和证实。但是，通过对过去研究的梳理，我们也意识到还有很多问题没有找到答案，有些方面的研究还比较薄弱。

第一，关系这一构念在已有的研究中有被滥用的倾向。关系属于一种社会现象，它可以作为一个研究领域供学者们进行研究，但将其直接作为一个学术构念是不恰当的，因为它所包含的内容纷繁复杂。因此，研究者应该首先明确聚焦于关系的哪一方面，进而将其科学化、概念化、可操作化。从已有的研究来看，关系可以分为关系网络、关系质量、关系行为、关系发展的动态过程、关系的伦理等，如果研究者不作区分而笼统地使用关系一词，会造成研究问题不明确、研究成果无法比较等结果，不利于学术的交流与发展。

第二，关系的测量工具有待于进一步的发展。尽管研究者们已经开发出一些测量工具，但是其信效度仍然需要进一步的检验。同时，由于关系所包含内容的广泛性，因此，测量工具也相应地需要多样化。比如，在关系质量的研究中，相对比较成熟的是 SSG 的测量，但不可能将领导—下属的测量工具应用于其他的关系（比如朋友关系）之中。因此，开发出通用的关系质量测量工具是一个发展方向。另一个方向是针对不同类型的关系开发出不同的关系质量测量工具（如同事关系质量）。但是，无论如何，找到关系质量可操作化的核心是重中之重。对此，不同研究者有不同的看法。我们认为对于对方责任和期望的感知可以作为关系质量的衡量指标，但是，如何测量对期望和责任的感知是需要进一步细化的问题。另外，还有一些研究涉及关系行为，那么，什么样的行为算是关系行为？这也是值得进一步思考的问题。

第三，关系研究的内容需要进一步的深化。现有的关系研究所涉及的范围很广，但是深度不够。比如，在关系网络对于职业发展的研究中，研究者们偏重于网络节点上人的个别特征的研究，而对于网络本身结构特点的关注不够。对于关系对职业发展的影响，学者们要么截取某一时点或者某一事件（比如工作搜寻）进行研究，要么比较泛化地讨论关系的作用，但是，还没有学者针对职业发展的不同阶段来分别探索关系的不同作用。显然，在职业发展的不同阶段，关系的效应以及特点是不同的。另外，对于关系的动态发展过程，大多数学者的研究都只停留在理论探讨的层面，虽然有个别学者通过实验研究进行探索，但是实验情景只是对关系变化的模拟，而不是现实情况。未来研究可以通过对关系对象的追踪研究来获取现实中的真实数据。

第四，关注关系效力的变化。关系现象的出现和发展根源于中国的历史和传统文化，同时也受到各种制度不完善的影响。那么，随着体制改革的不断深入以及西方文化的冲击，关系对于在中国社会获得职业成功的影响是否正在逐渐衰弱？在商业领域，研究者们已经得到了一些实证的支持。比如，谭勇（Tan）等通过对中小企业的案例研究发现，在从计划经济体制向市场经济体制转轨的过程中，关系实践的作用已经变得越来越不那么重要了。黄旭的研究也表明关系对就业的促进作用不是绝对的。也有一些学者认为关系是中国文化和传统的一部分，不可能会随着时间的推移而消失，甚至关系对中国的未来改革和发展有一定的塑造作用。那么，随着社会的发展，关系的影响会减弱吗？其效应在哪些方面会有变化？我们又应该如何去应对并利用这些变化呢？这些都是应该深入探讨的问题。

2.2 工作价值观

由于价值观是一种根本的、相对持久的特征，能够影响个体的态度、判断和行为（Chatman，1989，1991），因此许多匹配研究都以价值观匹配为研究内容（Chatman，1989；Kristof-Brown et al.，2005）。工作是人类生活中的重要内容，个体通过工作满足不同的需求和目标，因此，工作价值观被认为是"突出的、基本的、影响巨大的"价值观形式（Ester，Braun & Mohler，2006）。本节归纳了工作价值观的概念起源，在此基础上梳理了工作价值观的结构和相关实证研究、工作价值观的代际差异，以及价值观一致性的相关实证研究。

2.2.1 工作价值观的概念起源

过去一个世纪中，许多学科都不同程度地探讨了价值观的问题，如哲学、社会学、政治学以及心理学。从韦伯（Weber，1905）在其著作《新教伦理与资本主义精神》中提出新教工作伦理（protestant work ethic，PWE）开始，工作价值观就逐渐受到广泛关注。根据 PWE，个体只有不断地努力工作（hard working）和坚持不懈（perseverance）才能受到神的庇护。PWE 是资本主义发展的基础（Harding & Hikspoors，1995），在随后的半个世纪中，成为资本家和劳动者的主流工作价值观。随着科学研究的发展，PWE 逐渐被淘汰，与现代工作场所相适应的新型工作价值观受到追捧（Parry & Urwin，2011）。在心理学领域，奥尔波特（Allport）是最早研究价值观的学者，他将价值观定义为"个体行为偏好的一种理念"（Allport，1961）。罗克奇（Rokeach，1973）认为价值观是一种"人们对于个人的和社会的事物终极存在方式的持久信念"。在这种观点下，他将价值观分为工具性价值观（如进取心、独立性）和终极价值观（如舒适的生活、社会认可）。在这种价值观体系中，个体按照重要性，将工作性价值观和终极价值观进行排序。这样，一个价值观体系就是人们对于社会存在的感知、态度和行为模式的持久标准。

施瓦茨和比尔斯基（Schwartz & Bilsky，1987）归纳了研究中关于价值观的定义，指出价值观的五种特征：价值观是一种信念或理念；这些信念或理念具体指令人满足的终极状态或行为；这些终极状态或行为是超越了具体情境的；这些信念或理念可以指导人们选择与评价具体行为和事件；这些信念或理念可以根据相对重要性进行排序。施瓦茨（1992，1994）从动机论的角度对价值观进行了定义，他认为价值观是个体渴望实现的、超越情境的目标，是指导个体行为的基本动机。价值观是人们应该表现的行为（Meglino & Ravlin，1998），可以帮助理解人们态度和行为背后的理性的思维和意图（Bilsky & Schwartz，1994）。施瓦茨（1992）指出，区别不同价值观的标准就是判断这些价值观传递的激励目标是否相同，据此他将价值观分为十种类型，并详细解释了这十种价值观类型之间的动态关系（Schwartz，1992）。

价值观的普适性渗透在人类生活的各个领域，体现在工作生活中则成为工作价值观（Lyons，Higgins & Duxbury，2010）。传统上，工作价值观是个体关于工作场所的原则、信念的一种认知（Robbins，2002），被认为是人们对工作环境中事物对与错的判断。卡勒贝里（Kalleberg，1977）指出工作价值观可以被定义为"个体希望从工作活动中得到的东西"。休珀（1970）认为工作价值观是一种信念、态度、判断、标准，从而指导个体行动、对客观事物和情境进行比较以及确定个人需求。日托夫斯基（Zytowski，1970），派因和英尼斯（Pine & Innis，1987）则认为工作价值观是个体的需求、偏好水平以及需求状态和满意度的反应。但随着现代工作环境的日益复杂，员工在岗位上承担的工作内容更为丰富，如制订决策、故障诊断、问题解决和管理等，因此个体在工作中面临的不再是对与错的简单选择，而是一种优先级的判断（Smola & Sutton，2002）。多斯（Dose，1997）提出一个更为综合的概念，界定了工作价值观的核心内容和概念边界。她指出，工作价值观是人们对于工作或工作环境进行评价的标准，通过这种评价，个体能够辨别哪些是合适的，或者哪些是更重要的。正如斯莫拉和萨顿（Smola & Sutton，2002），帕里和厄温（Parry & Urwin，2011）等的选择，本研究也采用多斯（1997）对工作价值观的界定作为研究基础。

此外，国内学者也有从价值判断标准的角度对工作价值观进行界定。倪陈明和马剑虹（2000）认为工作价值观是个体对于工作场所行为和在工作环境中获得某种结果的价值判断。霍娜、李超平（2009）综合了需要层面和判断标准层面的工作价值观定义，提出工作价值观是：超越具体情境，引导个体对与工作相关的行为与事件进行选择与评价，指向希望达到的状态与行为的一些重要性程度不同的观念与信仰。

价值观是个体产生需求的根本原因，是个体设定行为目标的基本依据（Locke & Henne，1986）。事实上，价值观可以被当做一种跨情境的、具有不同重要性的目标，这种目标是指导人生活动的基本原则（Prince-

Gibson & Schwartz, 1998）。从功能角度，价值观与需求是相似的，它们都能激发、控制、维持个体行为。然而，不同之处在于，需求是内生的，价值观是通过认知和经验习得。价值观与行为的关系比需求更密切。价值观作为一种行为规范的标准，个体依据它们判断和选择不同行为。尽管价值观是潜意识的，但他们仍比需求更容易描述出来。从内涵角度，价值观与目标是相似的，但目标更具体，因此可以认为目标是价值观影响行为的作用机制。目标与价值观的关系和价值观与需求的关系类似，都是"方法—结果（means-end）"的关系。

作为行为的指导原则，价值观对人们的生活有着方方面面的影响，包括人们感知和解释世界的方式（Schwartz, Sagiv & Boehnke, 2000）、个人偏好和选择（Feather, 1995）、个人情感（Roccas, Klar & Liviatan, 2004; Sagiv & Schwartz, 2000）以及日常行为（Bardi & Schwartz, 2003）和长期行为（Sagiv, 1999）。工作价值观是人们设定工作目标或对工作目标排序的依据，这间接表明了人们选择工作的标准以及希望从工作中得到满足的需求。而且，人们会根据工作价值观对自己的工作经历进行判断，从而决定该工作的意义。此外，特定的工作价值观会驱使个体从事相关的活动。因此，工作价值观是人们设定工作目标、解释工作经历、决定工作意义的重要标准。

2.2.2 工作价值观的结构

随着工作价值观概念的逐渐清晰，越来越多的学者开始探索工作价值观的构成。早期的研究中，戴维斯和勒夫奎斯特（Dawis & Lofquist, 1984）对工作价值观概念的贡献很大。他们基于工作适应性理论，将工作价值观定义为个体的"二阶需求"（second-order requirement），并将价值观六维度整合到三大工作环境刺激中，即自我（成就和自主性）、社会（利他和社会地位）、环境（安全与舒适）。基于自我决定理论的学者则将工作价值观分为内在工作价值观与外在工作价值观两大类（Ryan, Sheldon, Kasser & Deci, 1996; Ryan & Deci, 2000）。前者指个体内在心理需求的实现（如自主性、独立性、创造性），后者包括与工作的物质特征相关的因素，如薪酬、福利、工作安全等。伊莱泽（Elizur，1984）通过调查影响个体工作偏好的因素的优先顺序，提出了一个包含 21 项内容的工作价值观模型，分别是责任、工作安全、福利与社会保障、认可、自尊、对组织的影响、成就、晋升、对工作的影响、同事关系、工作意义、领导关系、工作地位、公司的声誉、能力和知识的应用、工作兴趣、工作独立性、薪酬、工作时间、工作条件、对社会的贡献。但这些探索性研究成果并未达成一致性意见，因为多数学者在使用同一词语时建立了不同的概念，并且彼此认为模型不够全面。

基于以上探索研究，多数学者归纳认为，无论依据何种理论提出的工作价值观维度，都可以归纳为三类因素：内在的或自我实现的价值观；外在的或安全性的或物质性的价值观；社会的或关系的价值观（如 Alderfer，1972；Crites，1961；Mottaz，1985；Pryor，1987；Rosenberg，1957）。罗斯、施瓦茨和苏尔基斯（Ros，Schwartz & Surkiss，1999）认为，以上归纳的三类工作价值观与施瓦茨（1992，1994）提出的价值观模型非常类似，通过转换表述可以形成三个并行的基本工作价值观维度，即变革开放型价值观（openness to change，对应于内在价值观）、保守型价值观（conservation，对应于外在价值观）、自我超越价值观（self-transent，对应于关系价值观）。此外，罗斯等对比普通价值观的维度，还补充了第四个有区别的、同时也是根本的工作价值观维度：自我提升价值观（self-enhancement）。

在罗斯等人（1999）提出的四维度工作价值观模型中，变革开放型价值观与保守型价值观是一组对应的维度，自我超越价值观与自我提升价值观是一组对应的维度。施瓦茨归纳了这一工作价值观四维度及各维度的内容，并认为相邻的两个价值观具有相似的行为动机，如权力与成就都强调社会优势与社会尊重，而成就与享乐主义都强调自我为中心的满足感。施瓦茨的价值观模型各维度之间并没有明确的界限，他用这样一个圆形图来表示其模型，是为了更清晰地表示出某一价值观代表的模糊集合的结束，正是另一个价值观代表的模糊集合的开始（Schwartz，

1994，p. 25）。这一模型得到广泛认可，在不同的文化背景（Schwartz，2005）和职业类别（Koivula & Verkasalo，2006）中都得到了广泛的验证，影响非常广泛。

在价值观一致性的研究中，凯布尔和爱德华兹（Cable & Edwards，2004）采用了这一工作价值观结构模型，并进一步调整使该结构适用于工作价值观匹配的研究。凯布尔和爱德华兹（2004）的工作价值观结构与施瓦茨（1992）相同，由两个坐标轴来区分基本价值观。第一条坐标轴是对变化的开放型与保守型轴，该轴依据个体对于（i）追求独立、创新和变化及（ii）追求确定性、保持现状两种对立状态的偏好程度，对价值观予以区分。第二条坐标轴是自我提升与自我超越轴，该轴依据个体对于提升个人利益或促进他人福祉两种状态的偏好程度，对价值观予以区分。基于此，凯布尔和爱德华兹（2004）提出8项核心工作价值观，分别是：利他行为、关系、报酬、安全、权威、声誉、多样化、自主性（见表2-2）。凯布尔和爱德华兹（2004）编制了24条目的量表来测量这8项工作价值观，每项3个条目。该量表被广泛用于P-E匹配的研究中。

表 2-2 工作价值观四维度模型

凯布尔和爱德华兹 工作价值观内容	内容	施瓦茨 价值观维度
多样化	对工作中自主性、个人兴趣、个人成长、创造力等方面的追求	开放型
自主性		
安全（即雇用保障）	对工作安全与收入的追求，这是维持员工基本安全与生活的重要内容	保守型
遵从权威		
利他	对积极的社会关系、组织和他人福祉的关心和贡献程度的追求	自我超越型
与他人关系		
报酬	对权威、声望、社会地位、成就的追求	自我提升型
声望		

2.2.3 工作价值观的影响因素与影响效果

2.2.3.1 工作价值观的影响因素

工作价值观的形成，受到许多方面因素的影响，这些影响因素主要来自社会、家庭、组织以及个人。

从生物学的角度来看，基因遗传是影响工作价值观的一个重要方面。罗卡斯、萨吉夫、施瓦茨和克纳丰（Roccas, Sagiv, Schwartz & Knafo, 2002）指出个人价值观是一种与生俱来的东西。凯勒、布沙尔、阿维、西格尔和戴维斯（Keller, Bouchard, Arvey, Segal & Dawis, 1992）曾对分开抚养的 23 对同卵双胞胎和 20 对异卵双胞胎进行过关于工作价值观的调研，研究发现，遗传因素可以解释工作价值观 40% 的变异，环境因素可以解释 60% 的变异。特别是成就、享受、社会地位、安全和自主性工作价值观维度表现出显著的遗传特征。

人口统计学因素也是工作价值观差异的重要原因。彻林顿、孔迪耶和英格兰（Cherrington, Condie & England, 1979）研究发现年龄、受教育程度、社会阅历与工作价值观中工作道德、技术崇拜、报酬维度显著相关。罗克奇（1973）指出价值观也存在种族差异。他的研究发现，即使考虑到收入水平和受教育程度，在白人中公平价值观仅排在第 11 位，而在其他种族中，公平价值观排在第 2 位。工作价值观的性别差异也得到许多研究的证实（Halaby, 2003；Lindsay & Knox, 1984）。男性认为报酬和其他经济回报、工作独立性、控制与支配、竞争性、长期职业目标更重要，而女性则认为工作中的人际关系、社会赞许、短期职业目标更重要（Elizur, 1994；Furnham, 1984）。性别并不会直接影响工作价值观，而是通过影响一般价值观，在诸如受教育、择业等过程中逐渐影响工作价值观的。

在人口统计学因素中，年龄群是一个重要的分类依据。伴随年龄群的不同，即代际不同，价值观有很大的差异。这在本章随后部分专门讨论。

文化差异也是影响工作价值观形成的重要因素。伊莱泽、博格、亨特和贝克（Elizur, Borg, Hunt & Beck, 1991）研究发现不同国家人民对工作价值观重要性的排序不同，比如对于美国、荷兰、德国等西方国家，工作兴趣非常重要，而在中国、匈牙利等国，工作兴趣仅是中等重要。韩国人认为工作安全非常重要，而在中国和以色列，工作安全只是边际重要。此外，中国人认为对社会的贡献程度很重要，这在其他国家都是不重要的工作价值观维度。鲁伊斯-金塔尼利亚和英格兰（Ruiz-Quintanil-la & England，1996）调查了 11 个国家的文化，发现有些国家的被试从个人成本的角度描述工作活动，如工作条件很差、服从他人、从事不愉快的活动、体力劳动强度高等，另外一些国家的被试在描述工作活动时采用了贡献社会的视角，强调属自己属于更大的社会，而不是工作组织。这种差异表明前者的国家文化强调工作责任，而后者的国家文化强调工作奉献。塞尔默和德莱昂（Selmer & De Leon，1996）调查了外派人员的工作价值观变化问题，研究结果发现，在瑞士工作的新加坡管理者，会采取瑞士的工作价值观，如在工作场所建立非正式关系。

2.2.3.2　工作价值观的影响效果

相对于一般价值观，工作价值观涉及人们的工作生活，是一种更为具体的行为指导标准。工作价值观可以被看作是个人希望通过工作实现的、长期的、稳定的个人目标（Nord，Brief，Atieh & Doherty，1988）。由于工作价值观不受情境的影响，且在一定时间内相对稳定，同时由于不同个体的工作价值观不同（Cooman，Gieter，Pepermans，Du Bois，Caers & Jegers，2008；Kalleberg，1977），因此，人们感知和应对周围工作情境的方式也存在差异。所以，许多研究认为工作价值观是工作场所不同态度和行为的影响因素。

（1）对工作满意度的影响。

员工在组织环境中特定岗位工作，并在这一岗位上扮演相应的岗位角色。当该岗位能够满足员工的需求或者未来能满足其需求，那么员工会产生工作满意感（Lawler，1973）。研究发现，工作价值观对工作满意度有显著影响。黑格内、普兰克和帕克（Hegney，Plank & Parker，2006）基于内在—外在工作价值观分类方法对其与员工工作满意度的关系进行了研究，结果发现两类价值观对满意都有显著的影响，其中，自主性价值观对满意度有直接影响，而内在价值观则通过压力间接负向作用于满意度，外在工作价值观中的报酬、同事的支持和职业发展三个方面对满意度均表现出显著正向作用。马剑虹和倪陈明（2000）以中国企业员工为样本，研究发现工作价值观中工作行为评价因素（如工作就是要吃苦耐劳）和个人要求因素（如寻求个人的发展比忠于组织更重要）对工作满意感有显著影响。在纵向研究中，马尔卡和沙特曼（Malka & Chatman, 2003）研究发现，商学院的毕业生中，相对于内在工作导向而言，具有外部工作导向的人能获得更高的满意感和主观幸福感。

（2）对组织承诺的影响。

迈耶、欧文和艾伦（Meyer, Irving & Allen, 1998）采用跟踪研究的方法，对两个群体共 311 个样本进行了工作价值观、工作经验和组织承诺的研究。研究发现，工作价值观对组织承诺的三个维度（情感承诺、持续承诺、规范承诺）均无显著的影响，但基于能力的工作价值观（如偏好持续学习、创新能力、成就感等）能够调节工作经验与情感承诺的关系，表现为对于低能力价值观偏好的人，工作经验对情感承诺的正向影响更显著，工作经验越高，情感承诺水平越高；反之，对于高能力价值观偏好的人，工作经验对情感承诺的正向影响较为平缓。

（3）对离职意愿的影响。

国内学者陈东健和陈敏华（2009）以苏州地区 10 家外资企业的核心员工为样本，调查研究发现工作价值观对离职倾向的影响显著为负，这表明当员工发现其工作价值观与组织氛围存在冲突时，容易产生离职的想法。此外，陈东健和陈敏华还判断了工作价值观的各维度对离职倾向的影响，他们发现"独立与冒险""成就体验""创新"三个价值观维度能显著预测离职意向的变化趋势。马剑虹和倪陈明（2000）在研究中也得到相同的结论。

（4）对组织公民行为的影响。

工作价值观能够促进个体表现出更多的组织公民行为（Uçanok, 2008）。瑞安（Ryan, 2002）探讨了 PWE 中努力工作与独立自主两个价值观维度对 OCB 的影响，通过教堂和咨询公司两个样本的实证研究发现，独立自主价值观与 OCB 中帮助他人维度显著负相关，与公民道德和运动员精神不相关；努力工作价值观与 OCB 中帮助他人维度显著正相关，在教堂样本中与公民道德维度正相关。费瑟和劳特尔（Feather & Rauter, 2004）以教师为研究样本，测量了对工作的影响力、工作变化、工作技能的使用三种工作价值观与组织公民行为的关系，研究发现，对于合同制的教师，组织公民行为与对工作的影响力和工作技能使用呈负相关，对于永久雇用的教师，组织公民行为与工作变化和工作技能使用呈正相关。塞佩莱、利波宁、巴尔迪和皮尔蒂莱-巴克曼（Seppälä, Lipponen, Bardi & Pirttilä-Backman, 2012）验证了施瓦茨价值观模型中对变化开放型的价值观维度与变化为导向的组织公民行为显著正相关。

阿尔托-戴、罗德和特恩利（Arthaud-Day, Rode & Turnley, 2012）采用施瓦茨（1992）的价值观模型中的五个价值观（权力、成就、自我导向、仁慈、遵从）验证了价值观与组织公民行为的关系。该研究基于135个项目团队，采用跨越3个月的纵向数据，证明了五种价值观分别对组织指向的组织公民行为和个人指向的组织公民行为有正向预测关系。研究结果显示，仁慈价值观正向预测组织指向的组织公民行为，成就价值观正向预测组织指向和个人指向的组织公民行为，自我导向价值观正向预测组织指向和个人指向的组织公民行为，遵从价值观正向预测个人指向的组织公民行为。将个人价值观聚合到团队层面后，团队平均的自我导向价值观得分可以调节个体自我导向价值观与组织指向和个人指向的组织公民行为，表现为：当团队平均自我导向价值观较高时，个体自我导向价值观对两个指向的组织公民行为预测能力更强。同时，团队平均权力价值观得分调节个体权力价值观与个人指向的组织公民行为，表现为当团队平均权力价值观较高时，个体权力价值观对个人指向的组织公民行为预测能力更弱。

（5）对领导风格的影响。

不同价值观倾向的下属对领导风格的偏好也不相同。如埃拉尔和克莱因（Ehrhart & Klein, 2001）通过实验研究发现，对工作安全价值观、人际关系价值观偏好比较高的员工群体中，以任务为导向的管理风格更受欢迎，而偏好外在价值观（如报酬、福利等）的员工更易接受关系导向的管理方式。

（6）对职业选择的影响。

福尔曼和墨菲（Foreman & Murphy，1996）采用效价—期望的方法预测了工作搜寻行为。相似的，韦普朗肯和霍兰（Verplanken & Holland，2002）探索了价值观如何影响个人的选择。研究结果表明，激活个体相应的核心价值观，就会促使下属收集信息、做出抉择。也就是说，价值观的激活过程和信息收集中介了价值观和决策行为的关系。

此外，已有研究还发现，工作价值观对工作的一般态度、职业抱负和选择（Judge & Bretz，1992；Super，1970）、决策过程（Ravlin & Meglino，1987；Rounds & Armstrong，2005）均有显著影响。

2.2.4 工作价值观的代际差异

所谓代际差异，是指不同年龄阶段人群的观念、习惯、态度等方面的差异。由于出生年代不同，不同年龄阶段人群所经历的社会变迁不同，造成了各群体具有不同的生活习惯、价值观念、处事理念。在美国社会，普遍认为存在"婴儿潮"一代（出生于1946~1961年）、X代（出生于1962~1979年）、Y代（出生于1980~2000年）群体（Cennamo & Gardner，2008；Chen & Choi，2008；Gursoy，Maier & Chi，2008；Lamm & Meeks，2009）。在我国，以出生年代划分的"50后""60后""70后""80后""90后""00后"成为普遍接受的群体划分方式。学术上出现的代际差异研究也多以出生年代为依据。

社会生活中存在很明显的代际差异，如在消费偏好的代际差异（如Shin，2008；Stephey，2008）、人格特征的代际差异（Twenge & Campbell，2008）、价值观的代际差异（Cennamo & Gardner，2008；Twenge，Campbell，Hoffman & Lance，2010）。越来越多的研究发现，代际价值观的差异非常显著。莱昂斯、达克斯伯里和希金斯（Lyons，Duxbury & Higgins，2007）基于施瓦茨（1992）的价值观模型对不同时代群体进行调查，发现X代和Y代出生的人群在开放型价值观维度上更高，而在保守型价值观维度上更低，而"婴儿潮"一代更为保守。琴纳莫和加德纳（Cennamo

& Gardner，2008）研究发现，在社会地位、工作自由度方面存在显著的代际差异，整体上年轻群体比年老群体更重视社会地位，而 Y 代比 X 代或婴儿潮一代更重视工作自由。居尔索伊、迈尔和希（Gursoy，Maier & Chi，2008）发现不同代际之间对权威和工作的重要性认知也存在差异。"婴儿潮"一代更为尊重权力等级和权威，但不容易接受新事物，难以学习新的技术。X 代更看重即时满足、活在当下，期待组织能及时奖励出色的工作和成绩，而不是等待晋升。Y 代遵从集体行动和团队工作，很乐观、信仰中央集权，并且有灵活可变的职业选择。

居尔索伊等（2008）认为，企业管理者与咨询人员普遍认为，造成组织内代际差异的主要原因是工作价值观的不同。代际差异对工作场所中的态度和行为有显著影响（Alsop，2008；Filipczak，1994；Kupperschmidt，2000；Parry & Urwin，2011）。新一代员工的加入与多代员工共存的现状，使企业的人力资源管理职能受到代际差异的全面挑战，如招聘（Charrier，2000）、培训与开发（Berl，2006；Tulgan，1996）、职业生涯发展（Ansoorian，Good & Samuelson，2003；McDonald & Hite，2008）、奖励和工作安排（Carlson，2004；Filipczak，1994）以及管理风格（Losyk，1997；Tulgan，1996）；也可能带来工作场所冲突（Karp & Sirias，2001）。

国内对代际价值观差异的研究并不多。马剑虹和倪陈明（1998）采用整合的量表测量了浙江省 6 家企业员工的工作价值观状况，发现年轻员工（30 岁以下）与年长的员工（30 岁以上）在工作行为的评价因素、组织集体观念因素方面有共同的观点，但年轻员工在做决策时更看重个人要求因素。李万县、李淑卿和李丹（2008）采用休珀（1970）五维度价值观量表，对我国企业员工的工作价值观进行了调查。他们以年龄为划分依据，分为 25 岁及以下、26 ~ 35 岁、36 ~ 45 岁、46 岁及以上四组样本。研究发现，不同代际的工作价值观存在一定的差异，通过对社会地位、自我实现、工作生活平衡、人际环境和满意感进行调研分析，研究发现相对于年轻员工，年长的员工更重视社会声望、成就取向、工作生活平衡和人际关系和谐，且年轻群体的满意感较低。

2.2.5　价值观一致性的研究

价值观一致性是用来解释价值观这一基本变量与其他结果变量如满意度、组织公民行为、组织承诺等关系的一种范式。价值观一致性可以理解为，一方的价值观与参照方的价值观的相似程度。随着价值观结构的清晰化，关于价值观一致性的研究也越来越多（Westerman & Cyr，2004）。许多学者认为，在匹配问题的研究中，价值观匹配是一个非常常见且合适的操作化方式（Chatman，1989；Kristof，1996；Kristof-Brown et al.，2005；Verquer et al.，2003）。因此价值观一致性的研究多集中在人与环境匹配领域的研究中。

克里什托夫-布朗等（Kristof-Brown et al.，2005）在对人—环境匹配相关实证文章进行元分析时指出，已有的关于价值观匹配的研究，表现在个人—组织之间、个人—团队之间、领导—下属之间、师傅—徒弟之间、面试官—应聘者之间等，而以人—组织价值观匹配的研究数量为最多，领导—下属价值观匹配的研究数量呈递增趋势。

2.2.5.1　人与组织价值观匹配

研究发现，在求职时，个体更倾向于选择与自己工作价值观相似的组织（Judge & Bretz，1992）。许多组织也依据组织价值观来招聘与选拔员工（Adkins，Russell & Werbel，l994）。因此，人与组织的价值观一致性受到学者的广泛关注。

（1）对求职与雇用的影响。

萨克斯和阿什福恩（Saks & Ashforth，1997）通过对 350 名大学生展开为期 4 个月的追踪研究发现，多途径的招聘信息来源会影响求职者对应聘企业价值观匹配程度的感知，进而会影响其离职意向和离职行为，即个体—组织价值观匹配对求职者的应聘选择有显著影响。克里什托夫-布朗（2000）从招聘者的角度，探索了应聘者与组织的价值观一致性对招聘行为的影响。研究发现，招聘者会根据应聘者的言行表现来判断其是否与组织在价值观等内在特征上存在一致性，从而判断是否雇用该人员。

（2）对满意度的影响。

个人与组织的价值观匹配是指个人价值观与组织价值观（组织文化）相一致的情况，它对工作场所中的个体与组织结果都有显著正向影响（Kristof-Brown et al.，2005；Meglino & Ravlin，1998；Verquer et al.，2003）。沙特曼（1991）采用企业会计人员为研究样本发现，个人价值观与组织价值观越相似的个体，更容易适应组织环境的变化，工作满意度更高，相较于匹配程度低的个体，在组织中的时间也更长。反之，若个人价值观与组织文化不匹配时，会导致工作满意度下降、组织承诺水平降低、产并生离职意向（Ostroff et al.，2005）。埃尔多安、克拉默和利登（Erdogan，Kraimer & Liden，2004）研究发现，个人—组织价值观匹配与工作满意度和职业满意度显著相关。其中，下属感知到的组织支持起调节作用。当组织支持程度较低时，价值观匹配程度越高，下属的满意度越高；当组织支持程度较高时，价值观匹配程度与下属的满意度反而不显著。劳弗和克里什托夫-布朗（Lauver & Kristof-Brown，2001）以办公室职员和司机为研究样本、克里什托夫-布朗（2000）以 MBA 学生、企业中层管理人员和高级会计师为研究样本，都得到价值观匹配与工作满意度之间存在显著的正向效应。魏钧和张德（2006）、赵慧娟和龙立荣（2009）采用中国企业员工样本也验证了该结论。此外，陈卫旗和王重鸣（2007）还进一步发现了内部整合因素（如沟通、人际和谐、冲突管理等）在人—组织价值观匹配与工作满意度之间发挥中介作用。

（3）对离职意向的影响。

赵慧娟和龙立荣（2010）以中国中部地区 20 多家企业的 747 名员工为样本，验证了个人—组织价值观匹配负向预测员工的离职意向，同时，员工与组织的能力匹配（即员工的工作技能和个人能力与组织要求相一致）调节了这一关系，当员工能力与组织要求呈高水平匹配时，个体—组织价值观匹配对离职意向的负向影响更强。

（4）对组织承诺的影响。

人与组织在价值观上的匹配能够提高下属对组织的认同，因而个体的组织承诺相对于不匹配的员工更高。万维安、沈重天和张安（2011）采用感知到的匹配测量方式，基于 360 对中国台湾样本，验证了个人—组织价值观匹配对组织承诺有显著的正向预测，其中领导—成员交换关系发挥显著的中介作用。陈卫旗和王重鸣（2007）也验证了人—组织匹配对组织承诺的正向影响关系。

吴能全、黄河和钟耀丹（2006）基于中国珠江三角洲地区企业样本，以中层以上管理层为调查对象，验证了人—组织价值观匹配对组织承诺的影响，并发现企业的所有制形式对这一关系发挥了重要的调节作用。研究发现，管理者的个人—组织价值观匹配程度对其组织承诺有显著的正向影响。同时他们采用方差分析的方法，发现在三种所有制类型的企业中，国有企业的员工—组织价值观匹配水平最低，而外资企业和民营企业的匹配程度较高。研究还发现，个人—组织价值观匹配对国有企业和民营企业的管理人员组织承诺水平影响较外资企业的小，在同一水平的匹配程度下，民营企业管理人员的组织承诺明显高于国有企业的管理人员。

此外，曲庆和高昂（2013）采用多项式回归和曲面分析的方法，探讨了个人—组织价值观匹配对员工情感承诺和任务绩效的影响。该研究基于奎因和罗尔博（Quinn & Rohrbaugh，1983）提出的竞争价值模型作为个人价值观和组织价值观，通过对 54 家企业的 468 对数据进行分析，分别探讨了个人与组织在不同价值观维度上匹配的效应。研究发现，个人与组织在团队（强调参与和团队凝聚力）、活力（强调产品创新和员工创造力）、市场（强调市场竞争、快速响应）三个价值观维度方面的匹配效应对个体情感承诺的影响有相似的特点，均表现为在个人与组织价值观相一致时，相对于个人—组织低水平的匹配，二者在高水平匹配时，员工的情感承诺更高。在任务绩效方面，只有个人—组织在活力价值观维度和市场价值观维度的差异性与任务绩效的关系得到验证时，表现为随着二者价值观差异的增加，员工的任务绩效降低。

(5) 对组织公民行为的影响。

袁凌和初立娜（2008）基于社会认知理论，引入情感承诺作为中介变量，从理论的角度探讨了个体—组织匹配对组织公民行为的关系。赵红梅（2009）以南京地区 9 家企业为样本验证了员工与组织价值观匹配对组织公民行为有正向影响，且组织公民行为作为中介因素，能够进一步影响了下属的关系绩效。

韦凯尔、贝尔和瓦格纳（Verquer，Beehr & Wagner，2003）、克里什托夫-布朗等（2005）元分析也验证了个人—组织价值观匹配与工作满意度、离职意向、绩效、组织承诺、压力之间存在显著关系。

2.2.5.2　人—团队价值观匹配

人—团队价值观匹配表现为团队成员之间的匹配。阿德金斯、拉夫林和梅利龙（1996）验证了团队成员价值观一致性与工作结果的关系。研究采用个体感知到的成就、公平、诚实和帮助四维度价值观匹配，基于 9 个月的纵向数据，研究发现，价值观一致性与满意度、出席率、上级的绩效评价显著相关。同时，在组织中的工作时间调节价值观一致性与满意度的关系，表现为在组织中工作的时间越短，价值观一致性对满意度的正向影响越显著。

德吕和摩根森（DeRue & Morgeson，2007）进一步考察了匹配的稳定性并验证了人和团队价值观匹配与满意度、绩效的关系。他们以商学院本科生和 MBA 组成的课程小组为研究样本，在一个为期 15 周的课程上，设计了一系列的团队任务，在 5 个不同的时间点分别测量相关变量，以考察团队成员与团队价值观匹配的稳定性。研究结果显示，个体与团队的价值观匹配性呈现出持续的稳定性，并对满意度、任务绩效有显著的正向影响。

领导与工作团队的匹配也是人—团队匹配的一种重要表现形式。如巴什舒尔、埃尔南德斯和冈萨雷斯-罗马（Bashshur，Hernández & González-Romá，2011）考察了团队领导与团队成员对组织支持感知程度的匹配性，吉布森、库珀和康格（Gibson，Cooper & Conger，2009）建立了领导—团队感知距离（leader-team perceptual distance）的概念，从目标达成

（goal accomplishment）、建设性冲突（constructive conflict）和决策制定自主
性（decision-making autonomy）三个方面验证了领导—团队感知距离对团队
绩效的影响。科尔、科特和张晓彤（Cole，Carter & Zhang，2013）考察了
领导与团队成员在权力距离价值观的匹配性对团队有效性的影响。

科尔、科特和张晓彤（2013）验证了领导与团队在权力距离价值观
上的匹配对团队有效性的影响。具体来说，该研究以来自中国的两个网
络公司的 78 个团队为研究对象，首先验证了领导—团队权力距离价值观
一致性对团队绩效和团队组织公民行为的正向影响。进一步地，他们还
验证了这种领导—团队匹配是通过团队程序公平氛围的中介作用，进而
对团队结果产生影响的。

2.2.5.3　领导—下属工作价值观匹配

领导—下属价值观匹配是指领导者的价值观与下属的价值观相一致
的情况，这一领域的研究已在领导—下属匹配的文献述评中归纳梳理，
在此不做过多叙述。

2.2.6　小结

本节从起源、结构与测量、影响因素和影响效果、代际差异四个方
面回顾了工作价值观的相关研究，并归纳总结了价值观一致性的研究现
状。价值观作为一种行为动机，已有大量研究成果。但工作价值观作为
价值观结构中一个特殊的领域，尚未得到充分研究，从价值观一致性角
度探讨匹配对个体态度和行为的关系，仍有很大空间。施特劳斯等
（2001）也指出价值观一致性效应对结果变量的影响，还可以通过相关价
值观维度对结果变量的影响产生。从上述关于工作价值观对个体行为和
态度的影响来看，不同的价值观维度对结果变量的影响效果并有不同。
虽然工作满意度是价值观一致性研究最多的结果变量（Edwards & Cable，
2009），但集中在个人—组织匹配关系中，在领导—下属匹配的研究中尚
不充分。考虑到价值观的代际差异，组织中领导与下属可能拥有不同的

工作价值观特点，价值观匹配与下属的满意度的关系更为复杂。此外，虽然工作价值观对组织公民行为的影响成果比较丰富，但从价值观匹配的视角分析员工在工作场所中的组织公民行为的研究并不多见。因此，基于不同维度探讨价值观匹配的影响效果，是一个值得探讨的问题。

扩展阅读

辨析重要岗位、关键岗位、要害岗位和价值岗位
——基于金融业与制造业的实例①

岗位是组织的"细胞"，是连接个体与组织的桥梁，是企业等组织类型的基本构成。由于组织目的和机能的不同，岗位职责千差万别，岗位与岗位之间存在着较大的内容与功能的差别（见图1）。其中，重要岗位、关键岗位、要害岗位和价值岗位等四类岗位有着相似的功能与内涵，并有着比较广泛的应用，却鲜有研究者辨析其差异与特征。本章尝试对标分析上述四类岗位的异同，提出本质上可以在岗位风险程度和岗位价值的两个维度坐标体系中辨析四类岗位，并提出有针对性的管理对策与实施建议。

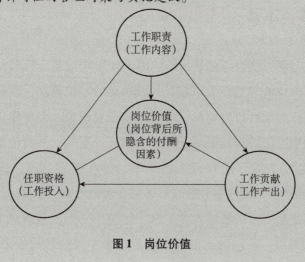

图1　岗位价值

---

① 本文引自：蔡宁伟，庞宇，王震. 辨析重要岗位、关键岗位、要害岗位和价值岗位. 华东理工大学学报（社会科学版），2016，31（4）：58－66.

（一）岗位以及四类岗位的应用现状

在组织内部，岗位是最基本的构成，对其界定相对比较确定和单一。岗位原指军警守卫的地方，有的场合泛指职位。本书的岗位多指后者，意指具有明确的业务范围、工作内容和责任边界的职位，是职位的具体化、明确化和细化，在人力资源管理和组织行为领域的应用更为准确。比较而言，岗位与职位相比主要存在以下五方面不同：

一是两者的层次不同。按照职位的定义，其是组织重要的构成部分，泛指一个阶层或类别，涉及面更宽泛，而岗位则具体得多，一般具体到某个岗位。二是两者存在从属关系。职位是按规定担任的工作或为实现某一目的而从事的明确的工作行为，由一组主要职责相似的岗位所组成。换言之，岗位可以作为某类职位的组成要素，而职位可能涉及多个具体岗位。三是两者设定的依据不同。职位往往随组织结构而定，而岗位往往随事务而定，也就是我们常说的因事设岗，在实际工作中也存在因人设岗的情况。四是两者的具体内涵有异。岗位是组织要求个体完成的一项或多项责任以及为此赋予个体的权力的总和，更强调个体的范畴与能力边界。一份职位一般是将某些任务、职责和责任组为一体；而一个岗位则是指由一个人所从事的工作。岗位与人对应，通常只能由一个人担任，一个或若干个岗位的共性体现就是职位，即职位可以由一个或多个岗位组成。例如，制造型企业的生产部门的操作员是一个职位，这个职位由很多岗位的员工担任，如具体到某个工序就是岗位，比如钻孔操作员的职位可能由钻孔操作员、层压操作员、丝印操作员等岗位组成；又如，餐饮服务型企业的前台是一个职位，可以由前台领班或前台经理、前台接待、餐厅引导员、停车辅助员、收费员等岗位组成。五是两者存在语境的差异。在中文语境下，职位一般具有一定职权，职权与位置的结合才能叫职位，比如总经理、主任、董事长等，这个职位代表了享有相应的权力；而岗位仅指在一个具体位置上所从事的工作，不一定具有较高的权力。

尽管各种岗位具有不同的特点，但有四类岗位存在一定相似性、规范性和契合性，在一定范围内具有约定俗成的内涵。因此在企业、政府机构、军队和事业单位等组织中的应用较为广泛，它们分别是重要岗位、关键岗位、要害岗位和价值岗位。但由于上述四类岗位的上述特性，它们常常被研究和报道混用，并未严格区分。在 CNKI 或维普中文数据库中，分别以"重要岗位""关键岗位""要害岗位"等为关键词查找文献，发现这几类岗位的界定大同小异，并没有严格的差别，更缺乏横向对标分析。例如，银监会（2014）定义重要岗位为商业银行业务流程或管理活动中所涉及的不相容岗位等，需要实施更加严格的内部控制①；刘剑波和段波（2015）定义关键岗位为那些掌握或影响企业核心竞争力或者利益的岗位②；张忆博（2014）认为关键岗位是支撑企业核心竞争力，对组织未来发展起着至关重要作用的岗位，或要求具备特殊技能、培养周期长、可替代性差的岗位③；而中国投资银行（1997）定义要害岗位为从事银行现金出纳、押运守库、印鉴管理、资金交易等业务工作的岗位以及其他重要业务岗位④。

无论哪类岗位，其实质是一种归类、聚类的方法，将不同内涵的多种岗位归为一类，遵从类型学研究的方法论。类型学是关于客体的类型的哲学方法论，是具体科学的学说；客体按其自身的重要属性、关系、联系和机构特征可分为诸类型⑤。类型学是一种分组归类方法的体系，本质是分析归纳的认识方法论，其作用是为更深层次的研究提供"分门别类"的认识基础。使用类型学方法不仅可以

---

① 中华人民共和国银行业监督管理委员会．商业银行内部控制指引（银监发〔2014〕40号）．2014-9-12.

② 刘剑波，段波．关键岗位接班计划如何落地．人力资源管理，2015（7）．

③ 张忆博．如何为关键岗位选对人．企业管理，2014（11）．

④ 中国投资银行．中国投资银行要害岗位人员管理办法（试行）．1997-7-30.

⑤ 引自 CNKI 概念知识元库，请参见 http：//define.cnki.net。

区别物质或文化表象的差异，还可以把握物质或文化内在的有机联系，使具体类型的概念成为具有确切意义的实体（熊燕，2010）①。类型学的方法在商业银行等研究领域已经有应用。例如，蔡宁伟（2015）尝试以两维四分法，发掘商业银行的业务类型与演进发展，由此演化出 12 种商业银行的业务类型②；再如，蔡宁伟（2015）的两篇文章通过长期的数据积累和实证研究，分别提出了 ATM 单机日均存取款金额与库存类型③以及异常交易情况的划分④。那么，上述四类岗位究竟呈现怎样的关系？能否在一幅图中精练呈现？能否在同一图示中客观展示四类岗位的差异及评价维度？这是本文主要关注和研究的问题。为此，我们设计了研究架构，如图 2 所示。需要说明的一点是，之所以强调基于金融业和制造业的实例，是因为重要岗位多适用于金融业，而要害岗位多适用于制造业。相比之下，关键岗位和价值岗位具有一定普适性，本文后面还有详细阐释。

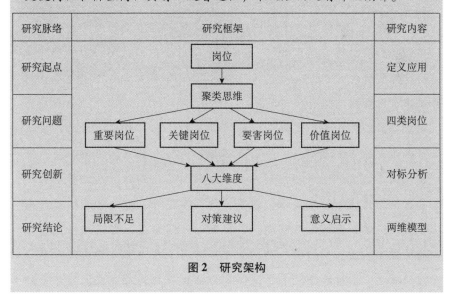

图 2 研究架构

① 熊燕. 中国城市集合住宅类型学研究——以北京市集合住宅类型为例. 华中科技大学博士论文，2010：7.

② 蔡宁伟. 商业银行的业务类型与演进发展. 上海金融，2015（2）.

③ 蔡宁伟. 自动柜员机现金保障类型的实证研究. 金融教学与研究，2015（4）.

④ 蔡宁伟. ATM 现金存取款异常行为的实证研究. 上海金融学院学报，2015（5）.

（二）四类岗位的定义和具体内涵

尽管重要、关键、要害三个词汇在中文语境中存在相似或相近的含义。例如，《现代汉语词典》中对"重要"的释义为"具有重大的意义、作用和影响的"；对"关键"的释义为"比喻事物最关紧要的，对情况起决定作用的"；对"要害"的释义为"比喻关键的或重要的部分"①。但是，上述三个词汇与岗位连接构成的专有名词，依然存在特定的意义与功效。此外，尽管价值的意思与重要等词汇具有较为明显的差异，但在实际工作中，仍有不少人难以区别价值岗位与重要岗位、关键岗位和要害岗位的差异，大家往往认为具有价值的岗位或者高价值岗位就可以等同于重要岗位、关键岗位和要害岗位。那么，上述四类岗位究竟有哪些差异？下面将逐一阐释其渊源和具体内涵。

（1）重要岗位的源起与内涵。

重要岗位的提出更多地体现在金融企业的部分高风险岗位，值得关注的是所谓"高风险"，其实质是随着企业内外部经营管理环境的变化而变化的。2014 年，银监会在 2009 年后首次修订印发了《商业银行内部控制指引》（银监发〔2014〕40 号），要求商业银行应明确重要岗位，并制定重要岗位的内部控制要求，对重要岗位人员实行轮岗或强制休假制度，原则上不相容岗位人员之间不得轮岗。重要岗位是商业银行内部控制的关键岗位，在业务职能或流程管理中具有较高的风险管理要求，需要持续高度关注、建立并严格执行重要岗位轮换和强制休假制度。重要岗位的划分是对部门或条线中风险易发环节的重点识别和动态管理，有别于人力资源对岗位人员价值的判定。不难看出，重要岗位是金融监管机构对商业银行等金融企业的特定管理要求，是其内部控制和员工行为管理的有力抓手，有

---

① 参见中国社会科学院语言研究所词典编辑室．现代汉语词典（特五版）商务印书馆，2007：500，1586，1772.

助于帮助商业银行等金融机构提升内部控制和操作风险管理水平，减少甚至杜绝具有较高风险的岗位出现问题。

（2）关键岗位的源起与内涵。

关键岗位的提出更多地源于企业自身的需要，是企业内部的管理与控制要求。关键岗位指在企业经营、管理、技术、生产等方面对企业生存发展起重要作用，与企业战略目标的实现密切相关，承担起重要工作责任，掌握企业发展所需的关键技能，并且在一定时期内难以通过企业内部人员置换和市场外部人才供给所替代的一系列重要岗位的总和。关键岗位主要有以下作用：一是有利于企业实行战略目标的传递与实现，使企业的战略目标能够及时传递给其内部的关键岗位上，从而发挥关键岗位员工的管理、技术等各方面的专业才能，使企业战略目标的实现得到可靠的保证；二是有利于员工全面了解企业内部岗位设置，保持企业内部岗位相对价值关系的一致性，为制定公正合理的薪酬分配和实行人力资源的差异化管理提供重要的依据；三是有利于企业为应对未来组织结构和劳动力市场变化能够及时做出反应提供策略性框架，从而避免因关键岗位的人才流失或岗位空缺影响企业正常发展。

（3）要害岗位的源起与内涵。

要害岗位的提出主要源自公安部、国家安全监管总局等监管部门的系列要求，并以中华人民共和国《安全生产法》《消防法》等法律为主要依据。由于企业的性质和行业的特征跨度较大，不同的行业以及不同类型的企业各有针对性。例如，在生产制造类企业中，凡是易燃、易爆、危险性较大的操作岗位，易燃、易爆、剧毒、放射性物品的仓库管理岗位，贵重机械、精密仪器场所，以及生产过程中具有重大影响的关键岗位，都属于要害岗位。又如，商业银行或投资银行的要害岗位主要包括金库、重要凭证管理人员，守库、押运人员，枪支弹药使用、保管人员，涉及现金业务的会计人员，资金交易人员，信贷管理与审核人员，计算机系统管理人员、系统

运行值班人员，公章及财务印章管理人员，代理行、会计联行密押、印鉴管理人员，电子汇划复核发报人员，托管估值、监督人员，支付系统、SWIFT操作人员以及其他重要业务岗位人员等。

（4）价值岗位的源起与内涵。

价值岗位的提出更多地缘于企业内部，往往被理解为岗位具有价值或者该岗位工作的人常常具有较高的身价。事实上，岗位的价格是其价值的体现，而其价值的体现主要源自该岗位的价值创造，主要包括两者：一是主动创造价值，二是防范价值损失。主动创造价值的价值岗位往往体现为企业的前台业务部门或中后台设计部门，例如制造企业营销部门的营销总监、营销策划等岗位，研发部门的研发总监、总设计师等岗位；又如商业银行信贷管理部门的审贷总监、贷款评议人等岗位，零售银行部门的零售业务总监、产品设计师等岗位。防范价值损失的价值岗位与主动创造价值的岗位是"一体的两面"，能够合理控制损失也可视为积极地创造价值。这类岗位往往体现为企业的中台风控部门和后台业务管理部门，例如制造企业安保部门的安全管理总监、现场管理部门的流程优化总监等岗位；又如商业银行或投资银行的风险管理部门的风险管理总监、内控合规部门以及审计部门的总经理等岗位。

（三）四类岗位的关系和对标分析

不难看出，四类岗位各有千秋，四类岗位之间又存在千丝万缕的联系。重要岗位更强调岗位的职责与权限，到这个岗位工作的人都会面临这一风险，突出了风险的一致性和无差异性；关键岗位更强调人的重要性，这种重要性使得赋予这个人以更多的岗位价值，突出了其空缺的潜在损失和难以替代性；要害岗位更强调了所处环节的风险与潜在影响，如若不及时有效约束，出现问题、风险事件、案件和事故则是必然；价值岗位强调了岗位对企业的内在贡献，其内涵最广，其防范价值损失的岗位几乎涵盖了重要岗位、要害岗位和部分价值岗位，而其主动创造价值的岗位则包括了价值岗位特别是高价值岗位。不难看出，上述四类岗位实质存在一定差异，主要体现为以下八个维度（见表1）：

表1　重要岗位、关键岗位、要害岗位和价值岗位的对标分析

对标维度	重要岗位	关键岗位	要害岗位	价值岗位
提出视角	风险管理	组织流程	安全管理	价值创造
提出来源	监管机构（外部）	组织内部	监管机构（外部）	组织内部（企业）
提出时间	21世纪（2009年）	20世纪	21世纪（2007年）	20世纪
适用行业	金融行业	各个行业	各个行业	各个行业
组织类型	金融企业为主	各类组织	企业为主	企业为主
组织影响	影响负面	影响最大	影响负面	具体分析
损失情况	最为直接	长期损失	最为直接	具体分析
价值创造	更关注损失规避	创造与规避兼顾	更关注损失规避	具体分析

从组织的影响上看，关键岗位的空缺或流失对企业等组织产生的影响范围可能最大，只是由于空缺时间长短、空缺岗位性质、空缺岗位数量、流失人员的情况等有所不同，影响程度不同而已。企业关键岗位空缺或流失的危害概括起来有四个方面：一是可能难以维护或保有商业秘密，关键岗位人员的跳槽必然带来专利技术的转移、核心设计能力的降低；二是可能难以维持既定的生产经营，例如内部管理或流程优化的停滞、风险管控或安全生产的弱化等；三是可能导致企业的信心和信誉受损，变相增加企业用人的招聘和培养成本，挫伤部分客户继续合作的积极性等；四是可能导致企业竞争力下降，上述三项危害以及关键岗位人员转投竞争对手等可能导致原本处于弱势地位的竞争对手后来居上，甚至实现逆转反超。

从损失的情况上看，重要岗位和要害岗位的管理不善导致的损失可能最为直接，如果恰逢经济形势下行周期，风险损失可能还具有叠加效应，让企业等组织"雪上加霜"。如前文定义所述，重要岗位主要关注风险管理等因素，要害岗位主要关注安全管理等因素，可以想象两类岗位由于身居关系企业安危的要害环节，其潜在的负面影响不容忽视。在生产企业中，一次简单的操作事故可能导致爆

炸、起火等连锁反应，这一概率符合"海恩法则"① "事故致因理论"② 或"轨迹交叉理论"③ （蔡宁伟，2015）④。在商业银行或投资银行中，操作风险导致的后果可能"一发而不可收"，引发银行挤兑甚至倒闭的事件不胜枚举。近年来，英国"百年老店"巴林银行因交易员违规操作导致 14 亿美元亏损并最终倒闭 （1995）、日本大和银行因交易员违规操作导致 11 亿美元亏损 （1995）、法国兴业银行交易员违规操作事件导致 49 亿欧元损失 （2008）、韩国农协银行系统瘫痪导致服务停摆长达 3 天 （2011）。因此，商业银行的重要岗位一般要求实施岗位分离风险控制等必要措施，做到重要岗位操作、审批、会计核算相分离，前中后台业务相分离，业务操作人员与市场营销人员相分离，印、押（压）、证相分离。

从创造的价值上看，四类岗位的价值创造各有所长，不能一概而论。其中，价值岗位是四类岗位中唯一从价值高低来考量和评价的岗位。顾名思义，既然从价值来考评，必然会出现"高价值岗位"和"低价值岗位"。当然，这种价值的衡量一定是符合组织内部公允甚至呈现市场公平价格的价值体系，具有一定公开性和普适性。如果一家制造企业或商业银行的公允价值偏低，必然会导致部分高价值的岗位员工转向市场寻找更合适的价值体现；而这类企业的最高价值岗位往往是制造企业的董事长、首席执行官、技术总监以及商业银行的董事长、行长、风险总监等高级管理层。

---

① 海恩法则提出风险事件具有数量累积性特点，即当某种风险事件的发生频率积累到一定程度，并得不到有效控制与管理时，很可能会产生质的变化而转化为风险损失事件甚至是重大损失事件，从而造成财务损失和不良声誉的影响。

② 事故致因理论又称海因里希模型或多米诺骨牌理论，是由海因里希提出的。该理论认为，事故的发生是一连串事件按一定顺序互为因果依次发生的结果。

③ 轨迹交叉理论是尝试从事故的直接和间接原因出发研究事故致因。其基本思想是，事故是许多相互关联的事件顺序发展的结果，这些事件可分为人和物（包括环境）两个发展系列。当人的不安全行为和物的不安全状态在各自发展过程中，在特定时间、空间发生了接触，就会产生控制失当现象，发生事故。而人的不安全行为和物的不安全状态之所以产生和发展，又是多种因素作用的结果。

④ 蔡宁伟. 操作风险的诱发类型与前瞻性防控研究. 金融监管研究，2015（4）.

综上所述，重要岗位、要害岗位更看重风险管理、安全管理的视角，这类价值的体现不仅仅是价值创造，更多地呈现为对损失的有效减少与合理规避；而关键岗位兼顾了价值创造与损失规避，并可能因人而异，赋予岗位更高的价值和更大的责任。这些提出视角的不同是上述类型岗位划分的主要依据，也是四类岗位动态调整的主要标准。在此，我们尝试绘制了重要岗位、关键岗位、要害岗位和价值岗位的关系图，用以简单展示四者的关系。其中，图 3 左侧的纵坐标大致标识了岗位价值的高低；在纵坐标体系下，关键岗位一般具有较高价值，而重要岗位和要害岗位的价值通常具有中上水平的价值。图 2 下方的横坐标大致标识了岗位所处的风险程度与其对应的风险管理和内部控制要求；在横坐标体系下，要害岗位和重要岗位一般具有较高的风险，需要更严格的风险管控，而关键岗位的风险管理水平居中，价值岗位需要具体情况具体分析。不难看出，在制造企业中，首席执行官、设计总监、总工程师和安全管理部门的总经理等岗位既属于重要岗位、要害岗位，也属于关键岗位和高价值岗位；而在商业银行中，分管风险管理的行长、风险管理总监、内控合规部门和安全保卫部门的总经理等岗位往往作为上述四类岗位的交集所在。

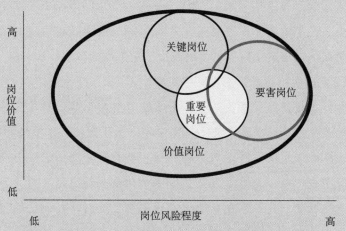

图 3　重要岗位、关键岗位、要害岗位和价值岗位的关系

（四）四类岗位的管理对策与建议

如前文所述，重要岗位、关键岗位、要害岗位和价值岗位四类归根到底可以从岗位风险程度、岗位价值两个维度来考量，从而可以将上述四类岗位聚类到同一坐标体系中来呈现展示。无论是具有较高风险的重要岗位、要害岗位，还是具备较高价值的关键岗位、高价值岗位，这些岗位的空缺与岗位人才的流失对企业而言都是不愿意看到的，可能导致组织建设与发展不可忽视的损失。因此，事前如何防范、事中如何弥补、事后如何控制对这四类岗位十分重要。在此，我们归纳了以下主要措施：

（1）建立健全四类岗位管理机制。

研究制定《关键岗位管理办法》《重要岗位管理办法》或《要害岗位管理办法》等专项制度，提出具体的管理措施，建立健全特定类型岗位管理的机制，并纳入人力资源日常管理考评体系。有了制度依据，才可以进一步约束高风险类别的岗位，给予高价值岗位更多的发展空间，更好地培养和储备高素质、高技能和高价值的专业和管理人才。

（2）实施重点岗位动态名单管理。

针对重要岗位、要害岗位等高风险类型的岗位随企业内外部环境变化而变化的特征，定期组织企业条线部门完善《重要岗位目录》或《要害岗位目录》。根据岗位风险的变化，对重要岗位、要害岗位实行动态的名单制管理，确保《目录》能够及时覆盖较高风险的岗位，实现高风险类型的岗位能进能出、能上能下。

（3）落实轮岗或强制休假等制度。

针对重要岗位、要害岗位等高风险类型的岗位人员实行轮岗或强制休假制度，确保潜在风险定期回溯、总体可控。需要注意的是，原则上不相容岗位人员之间不得轮岗。针对部分企业或业务部门人力资源不足，难以支撑定期轮岗或强制休假的情况，可以采取增加流程复核的兼职岗位，或采取定期内部独立审计等措施，将潜在的风险控制在可接受的水平。

（4）推行关键岗位的A、B角色管理。

推行关键岗位A、B角色管理，定期轮换和培训，确保A角色短期或长期离岗时，B角色可以迅速接岗，减少对企业正常生产经营的影响。B 角色既是自己岗位的 A 角色，又是设定岗位的 B 角色，在设定岗位 A 角色在岗时独立承担自己所在岗位 A 角色工作。A、B 角色管理机制可以最大限度地减少关键岗位、高价值岗位空缺或人才流失给企业造成的损失，保证工作的延续性。

（5）强化人力等资源的支持力度。

针对重要岗位、要害岗位等高风险类型的岗位特征，由企业的人力资源部门牵头，推动各业务部门针对确定的重要岗位、要害岗位等加大内部控制的管理力度，增加人力资源的配置，确保相关重要岗位达到必要的风险管控要求。实践中，人防、技防、机防等措施都不可或缺，特别在操作风险高发的环节，更需要定期轮岗、专人复审。

（6）加强对四类岗位的人员关怀。

结合四类岗位及其人员的特征，还需要有针对性地采取人力资源保障和关怀措施。例如，让关键岗位上的管理及技术人才成为企业的股东，变职业经理人和专业工程师为企业所有权人，将双方的责权利捆绑起来，结成利益共同体；又如，实施员工 EAP 计划，及时解决岗位人员生活和工作的困难；再如，对要害岗位等可能危及人身安全的人员提供工作保险等。

（7）完善人力资源日常管理措施。

由于四类岗位的不同特征，企业还需要结合实际完善人力资源日常管理举措。例如，与关键岗位员工签订"竞业禁止协议"①，以

---

① 竞业禁止，又称竞业回避、竞业避让，是用人单位对员工采取的以保护其商业秘密为目的的一种法律措施，是根据法律规定或双方约定，在劳动关系存续期间或劳动关系结束后的一定时期内，限制并禁止员工在本单位任职期间同时兼职于业务竞争单位，限制并禁止员工在离职后从事与本单位竞争的业务。其主要包括不得在生产同类产品或经营同类业务且有竞争关系或其他利害关系的其他业务单位任职，不得到生产同类产品或经营同类业务且具有竞争关系的其他用人单位兼职或任职，也不得自己生产与原单位有竞争关系的同类产品或经营同类业务。中国的相关法律中没有对竞业禁止的对象做出明确限定，因此，雇用双方自愿签订的竞业禁止条款，作为劳动合同的一部分，具有法律效力。竞业禁止可分为法定竞业禁止和约定竞业禁止；前者禁止由法律明文规定，后者由当事人通过合同约定。竞业禁止又可分为同业竞业禁止与兼业竞业禁止；前者是禁止义务人直接从事与权利人营业相同或营业相近似的竞业行为，后者是禁止义务人兼任其他与权利人营业相近似的竞业行为。从目前法律实践看，中国多采用法定和约定竞业禁止分类。

法律文本的形式明确规定这类人才在本企业服务期满若干年内不能到同业任职，或进行其他有可能泄露本企业商业秘密的合作；又如，实行关键技术资料备份制度、明确企业禁止行为、建立诚信保证金制度等。

上述七项措施主要是众多举措的提炼和归纳，而针对风险偏好类型的岗位与价值偏好类型的岗位的针对性举措可能存在一定差异。在此，我们整理汇总得出了表2，以直观的形式探讨重要岗位、关键岗位、要害岗位和价值岗位的管理对策。表2的具体对策以上述七项措施为基础，也借鉴和引入了相关的其他措施；例如，针对高价值岗位的对策中就去掉了针对重要岗位、要害岗位等高风险类型岗位的轮岗或强制休假，针对高风险岗位的对策中就去掉了针对关键岗位等高价值岗位的接班人计划。在具体对策中，适用的以"√"表示，不适用的以"×"表示，需具体分析适用情境的以"☆"表示；不带有浅底色的表格栏代表四类岗位可以通用的对策；带有浅底色的表格栏表示某类岗位中特有的对策，因此其他类型的岗位往往不适用，即以"×"表示，只有"员工持股"等个别通用的涵盖全体员工的情况例外。

表2　　重要岗位、关键岗位、要害岗位和价值岗位的管理对策

	具体对策	重要岗位	关键岗位	要害岗位	价值岗位
针对高价值岗位	接班人计划	×	√	×	☆
	健全管理支持机制	√	√	√	√
	高管与EDP培训	×	√	×	☆
	A、B角管理	√	√	√	☆
	合伙人计划	×	√	×	☆
	人员关怀EAP计划	√	√	√	√
	竞业禁止协议	☆	√	×	√
针对高风险岗位	动态名单管理	√	×	√	×
	健全管理支持机制	√	√	√	√
	轮岗或强制休假	√	☆	√	×
	A、B角管理	√	√	√	√
	员工持股计划	√	√	√	√
	人员关怀EAP计划	√	√	√	√
	资料备份机制	√	☆	√	☆

（五）研究意义、局限和启示

本文尝试对标分析了重要岗位、关键岗位、要害岗位和价值岗位等四类岗位的异同，提出本质上可以在岗位风险程度和岗位价值的两个维度坐标体系中辨析四类岗位，并提出有针对性的管理对策与实施建议。我们还需要进一步梳理回顾本研究的意义、局限和启示。

（1）研究意义。

岗位是组织的"细胞"，是连接个体与组织的桥梁，是企业等组织类型的基本构成。岗位梳理和管理是企业人力资源管理的基础，明确岗位职责并采取针对性的措施也是企业走向成熟和正规的重要标志。因此，尽管本文探讨的是"微观中的微观"，是微观企业中的岗位管理，但由于"经济基础决定上层建筑"，其作用和意义不可忽视。一是尽管重要岗位、关键岗位、要害岗位和价值岗位等四类岗位有着相似的功能与内涵，却鲜有研究者辨析其差异与特征，本文在此做出了第一步尝试，具有开创性的意义。二是上述四类岗位有着比较广泛的应用，无论企业、政府机关、事业单位、军队、院校还是各类非营利组织，都会涉及岗位风险与岗位价值的"双维"考量，对于组织进一步梳理和明晰岗位在其内部的坐标，并采取有针对性的管理对策，具有重要的借鉴意义。三是由于岗位梳理、岗位说明书的广泛性、差异性，使得岗位管理的价值作为"微观基础"承载着越来越重要的"宏观建筑"，近年来越来越多的组织和监管机构认识到关键岗位的价值以及高风险类型岗位的潜在影响。例如，近年来政府机关、事业单位等开展的"定部门职责、定内设机构、定人员编制"的"三定"工作实际体现了对岗位内容和职责的重视；又如，近年来银监会的系列文件和领导讲话正体现了监管机构对重要岗位监管的不断重视和持续关注，他们反复强调"看好自己的门，管好自己的人"的要求（尚福林，2013①；

---

① 尚福林．在银监会系统党风廉政建设暨纪检监察工作会议上的讲话．中华人民共和国银行业监督管理委员会网站，2013－1－29.

2014①；2015②），需要实现"人岗匹配"和"能岗匹配"，不能超越岗位赋予的职责和权力。

（2）研究局限。

本文作为以类型学逻辑研究岗位类型的探索性研究，仍存在如下不足。一是由于探索不同类型岗位的研究较少，本文的参考资料比较有限，许多资料需要从纸质文献、网络资料中广泛搜集和深入分析。目前，更多地研究更关注岗位的实践，多采取"拿来主义"的思路，而容易忽视对岗位本质、划分维度的辨析。二是本文仅仅从逻辑上进行了归类分析，尽管提出了如表1所示的重要岗位、关键岗位、要害岗位和价值岗位等四类岗位的对标维度、如图2所示的四类岗位关系视图，但始终缺乏数量化的工具与应用，这也是下一步值得研究和发掘的重要方向。三是由于岗位之间的差异性，且不同类型企业和行业的性质不同、关注的价值和风险点也不同，因此具体企业和具体行业都需要具体分析，才能逐步建立在某类企业或某个行业中的统一评价体系和打分标准。换言之，提出了类型逻辑、明确了维度只是岗位体系和类型研究的第一步，接下来还有待细化粒度、统一刻度。在此基础上，还会牵涉到四类岗位管理对策的差异化和适用性，尽管我们已经提出了如表2所示的七种主要对策措施，在某类企业或某个行业中具备一定普适性，但企业与企业之间仍然存在差异。例如，企业所处不同的生命周期需要的岗位不同，对策措施也不同；在初创期，企业的关键岗位和要害岗位往往集多种角色于一人，难以落实上述对策；在成熟期，随着企业内部制度的完善和人力资源的充实，这些措施才可能逐步落实；而在企业衰退期，随着人力资源的不断流失，企业可能又将面对初创期的岗位管理情境。

---

① 尚福林. 主动适应新常态全面推进银行业改革开放和金融法治建设. 中华人民共和国银行业监督管理委员会网站, 2014 - 12 - 23.

② 尚福林. 银监会尚福林：不管什么人违纪均一查到底. 人民网, 2015 - 10 - 12.

（3）研究启示。

根据上述分析，基于类型学的定量研究可以作为下一步有关岗位研究的思路之一。鉴于岗位的差异性和企业、行业的不同特征，需要将各类岗位给予一个"框定"的范围，才能具备研究的"相似性"基础。例如，同一企业内部的岗位基本存在统一的价值判定和风控要求；又如，同一行业的同类岗位具有相似的管理和评价基础。此外，结合表 2 的情况，大家可能会问：上述四类岗位能否整合，或者其中几类岗位能否整合？这实际更是企业和员工关注的问题，也是监管机构的当初设计要害岗位、重要岗位等特定类型岗位的良苦用心。我们结合表 1 和图 2 的情况分析，不难发现以下可以整合的逻辑：从岗位价值的视角，高价值岗位和关键岗位在某些方面可以整合；从岗位风险的视角，重要岗位和要害岗位在某些方面可以整合，二者主要是行业的差异，前者主要应用于金融业，可以说重要岗位是要害岗位的一个行业特例。以商业银行为例，其重要岗位一定包括了其他行业要害岗位的要求惯例，只不过由于行业差异，某些类型的要害岗位可能不涉及，如制造业中常见的易燃易爆品管理岗、焊接岗、金属切割岗等；同理，商业银行的某些重要岗位也是其他行业中没有的，例如密押管理岗、贷款审批岗等。所以，商业银行中电子银行部和信用卡中心的高风险岗位、安全保卫部和纪检监察部的要害岗位、财务会计部的重要会计岗位等实质都是从岗位的风险程度来考量，如果商业银行具备整合的动力、提升管理的规模效应，可以尝试将符合条件的上述岗位逐步纳入重要岗位体系统一管理，避免出现多头管理的情况。

2.3　工作满意度

工作满意度是工业组织心理学研究中关键效标之一（Judge & Church，2000），它占据了许多关于个体态度和行为的理论和模型的中心位置，许多研究探讨了各种因素对工作满意度的影响（O'Reilly，1991；

您对自己现有工作岗位：

单位类型	不满意	基本满意	满意
企业	37%	52%	11%
行政事业单位	33%	56%	12%
会计师事务所	25%	54%	21%
评估师事务所	50%	25%	25%
税务师事务所	12%	71%	18%
财务、管理咨询公司	50%	44%	6%
其他(含自由职业)	54%	37%	9%
总计	36%	52%	12%

Staw，1984）。此外，工作满意度对于提升个体幸福感和组织有效性具有很强的实践意义。因此，工作满意度是一个很重要的个体态度因素，本研究选择它作为效标之一。

2.3.1 工作满意度的概念及测量

工作满意度的概念有很多种，被广泛接受的一个定义是由洛克（Locke，1976）做出的。他认为，工作满意度是指个人从工作或工作经历中得到的一种愉悦感或积极的情绪状态（Locke，1976）。基于这一概念，胡林和贾奇（Hulin & Judge，2003）指出工作满意度包括个体对工作多维度的心理反应，这种反应包括认知的（可评估的）、情感的（或情绪化的）以及行为的因素。

许多研究者认为工作满意度是一个整体的概念，但表现为多个方面。最常见的分类方式是史密斯、肯德尔和胡林（Smith，Kendall & Hulin，1969）提出的工作满意度五方面模型，即薪酬、晋升、同事、领导和工作本身。洛克（1979）增加了认可、工作条件、公司和管理三个方面。此外，工作满意度一般也可以分为内部元素和外部元素两种，其中薪酬、晋升都是外部元素，而同事、领导和工作本身则被认为是内部元素。

关于工作满意度的测量方面，文献中有两种最为常用的员工态度测量方式，分别是工作说明指数（job descriptive index，JDI；Smith，Kendall & Hulin, 1969) 和明尼苏达满意度问卷（MSQ; Weiss, Dawis, England & Lofquist, 1967)。其中，前者 JDI 采用上述五个不同的方面评价工作满意度：薪酬、晋升、同事、领导和工作本身。这一指标的信度和效度都很高。MSQ 的优势在于多功能性——既有长版、也有短版问卷，既可测量单一方面、也可测量整体程度。

较多使用的工作满意度测量方式中，布雷菲尔德和罗恩（Brayfield & Rothe, 1951) 编制的量表也具有很强的实用性。该量表包含 5 个问题，分别是"我对我当前的工作相当满意""许多时候我对我的工作都很热情""工作中的每一天看起来都不会结束""我从工作中发现了真正的乐趣""我觉得我的工作很不愉快"。

爱德华兹和凯布尔（2009）将工作满意度定义为"一种与工作相关的愉快的情绪状态"。然而，工作满意度并不仅仅是一种情绪状态，也是一种认知过程。正如前面所说，态度由情感、认知和行为构成（Jex & Britt, 2008）。根据韦斯（2002）的综述，这些构成元素创造了一种满意态度的结构，这种结构包括"对特定目标（工作）的情感反应、信念以及与该目标（工作）相关的行为"。然而，情感元素和认知元素更能准确预测个体表现出的与工作相关的态度，而不是与工作相关的行为。这是因为个体的行为可能与其态度并不一致（Jex & Britt, 2008）。

2.3.2　工作满意度的影响因素

根据 Judge 和 Klinger（2008），已有文献涉及的工作满意度的影响因素可以分为三类：第一类是情境论，即假设工作满意度来自工作或环境的其他方面；第二类是特质论，即假设工作满意度是由于个人特质决定的；第三类是交互论，即工作满意度是由情境因素和个人因素交互影响的。下面是关于工作满意度研究的具体理论。

2.3.2.1　工作特征模型

工作特征模型（job characteristics model, JCM）认为工作本身就包含

了一些内在的动机特征，这些特征可以带来更高水平的工作满意度（Hackman & Oldham，1976）。工作特征的五个核心特征包括：任务完整性、工作意义、技能多样性、自主性和反馈。根据这一理论，丰富的工作是那些可以提供这几个核心特征的工作。个体从事这些工作时会体验到更高的满意度和动机。同时，该模型假设，这五种核心工作特征可以带来三种关键的心理状态：体验到工作的意义、感受到工作的责任、了解工作结果。个体体验到这种心理状态后，会产生相应的工作满意感。

已有研究中直接或间接地证明了该模型"核心工作特征可以影响工作满意度"的假设。从间接的证据来看，关于组织和工作研究表明，当员工被问及工作的不同方面，诸如领导、薪酬、晋升机会、同事等时，逐渐地，工作本身的重要方面显现出来（Judge & Church，2000；Jurgensen，1978）。此外，在工作满意度的五个方面中，对工作本身的满意度与整体工作满意度的相关性最高，与满意度重要的结果变量（如员工离职）有密切的关系（如 Frye，1996；Parisi & Weiner，1999；Rentsch & Steel，1992；Weiner，2000）。直接验证员工汇报的工作特征与工作满意度的关系的研究表明了一致的结论。如弗赖伊（Frye，1996）发现工作特征与工作满意度之间存在 0.5 的相关性。

哈克曼和奥尔德姆（Hackman & Oldham，1976）建立工作特征模型是为了解释两个员工在相同的工作中体验相同的工作特征，但仍有不同水平的工作满意度这一问题。成长需求强度（growth need strength，GNS）作为衡量员工希望个体发展意愿的概念，被引入模型中，调节了工作内部元素和工作满意度的关系。研究结果显示，对于那些高成长需求的个体，工作内部元素（即领导、同事、工作本身）与工作满意度的关系更高。需要指出的是，对于那些低成长需求的人，工作内部元素对满意度的影响仍然很显著。

为了创造一个能够提高工作满意度的工作环境，组织需要具有以下因素：灵活的工作安排、职业成长机会和培训、多样化且具有挑战性的工作、对自己工作直接管理并承担责任的机会、灵活的福利、最新的技术、晋升机会和有竞争力的薪酬、领导支持的环境。如果个体的工作是有趣的，他的薪酬是公平的，晋升机会也不错，领导是支持自己工作的，同事是友好的，通过这些就预测到他对自己的工作是满意的（Brief，1998）。

2.3.2.2 价值观—感知理论

洛克（1976）指出，个体的价值观决定了哪些因素会影响他们的工作满意度。只有那些对个体而言很重要的价值观未被满足时，个体才对工作不满意。根据洛克的价值观—感知模型（value-percept model），工作满意度可以用下列公式来表示：

$$S = （V_c - P） \times V_i$$

或者：

$$满意度 = （期望 - 拥有） \times 重要性$$

其中，公式中 S 表示满意度，V_c 是价值观的内容（期望拥有的东西），P 是感知到的工作提供的该价值观的内容，V_i 是这一价值观对个体的重要程度。这样，价值观—感知理论表明，只有当工作的某些方面对个体很重要的时候，通过判断个体期望的和个体得到之间的差距，可以预测个体的满意程度。由于个体在评价其满意度的时候考虑多方面的内容，所以对于每一个工作元素，个体都会以同样的过程评价一次。整体的工作满意度可以以各工作元素对个体的重要性为权重聚合所有工作元素满意度得到。

价值观—感知模型表达了工作满意度是基于员工工作价值观和工作结果产生的。该模型的一个优势在于它突出了个体价值观和工作结果的差异。同时，该模型的一个可能的不足在于价值观—感知模型是考察个体期望（V_c）和个体评价的重要性（V_i）可能高度相关。另外，除非权重的测量具有很高的信度，否则使用权重加总求工作整体满意度的方法并不太合适。这一模型也忽略了一些外生的变量，如维持工作的成本、过去和当前社会的组织的条件与个体和工作的关系。

2.3.2.3 特质的影响

在已有研究成果中，特质对工作满意度的影响是非常重要的结论。

根据贾奇和拉森（Judge & Larsen，2001）对文献的述评，这些研究可以分为间接证明（在没有直接测量人格的情况下判断特质对工作满意度的影响）和直接证明。

（1）间接研究。

斯塔和罗斯（Staw & Ross，1985）通过国家纵向调查数据发现，随着时间的变化，工作满意度的变化相对稳定。在一个较长的时期内（如5年），员工的工作满意度并不受员工职业变化、工作变化的太大影响。最后，研究者还发现，早期的工作满意度，尤其是个体对薪酬和地位的满意度，与当前的工作满意度有较强的相关性。在另一个研究中，阿维、布沙尔、西格尔和亚伯拉罕（Arvey，Bouchard，Segal & Abraham，1989）对34对从小被分开的同卵双胞胎的研究发现，双方的工作满意度显著高度相关。正如格哈特（Gerhart，2005）与贾奇和拉森（2001）所指出的，间接测量所反映的问题可以用其他原因来解释，如相对一致的工作，或者说个体能力的稳定性，即那些能找到工作环境不错、高收入工作的个体也能找到另一份类似的工作等。由此看来，情境因素对于间接测量具有很重要的影响（Hulin & Judge，2003）。

（2）直接研究。

近些年来，许多研究者直接研究了人格特质与工作满意度的关系。这些研究主要关注以下四种类型：积极的和消极的情感、大五人格、核心自我评价以及其他特质。

通常认为相对于消极情感，积极情感与积极的结果更相关，而托勒森、卡普兰、巴尔斯基、沃伦和沙尔蒙（Thoresen，Kaplan，Barsky，Warren & Chermont，2003）元分析显示消极情感与工作满意度的关系比积极情感更显著。在大五人格模型中，贾奇、赫勒和芒特（Judge，Heller & Mount，2002）发现神经质与工作满意度呈稳定负相关，外倾性和责任心与工作满意度稳定正相关。

贾奇、洛克和德拉姆（Judge，Locke & Durham，1997）引入了核心自我评价的概念。他们认为，核心自我评价是个体关于自己及与社会的关系的基本假设，包括自尊、一般自我交通、控制点和情绪稳定性四个维度。贾奇和博诺（Judge & Bono，2001）对这四个维度的核心特质与工作满意度的关系做了元分析，发现若将这四个维度聚合成核心自我评价，则该变量与工作满意度表现出稳定的显著的正相关关系。贾奇、洛克、德拉姆和克卢格（Judge，Locke，Durham & Kluger，1998）认为作用机制就是工作内部元素的影响。

2.3.3 小结

在工作满意度的理论中，以上提及的洛克的价值观—感知理论、工作特征模型和特质的影响是最主要的三类研究。从本质上来看，这三个角度分别是情境理论（工作特征模型）、个人理论（特质的影响）、人与情境交互理论（价值观—感知模型）。在对工作满意度的影响中，这三种角度并不是对立的。贾奇等（1997）在解释核心自我评价与工作满意度的关系中，发现了工作特征的中介作用。这意味着，有较高核心自我评价的个体更容易感知到工作中的内在价值观（Judge，Locke，Durham & Kluger，1998），更希望获得丰富的工作这种内部工作特征（Judge，Bono & Locke，2000）。这些结论都表明，工作满意度的不同影响因素之间有可能存在着各种形式的促进作用，未来研究可以进一步考察这些因素的作用机制。

2.4　组织公民行为

由于组织公民行为可以提高组织的效率和效能（Ryan，2002），越来越多的研究者开始关注这一现象，并取得丰富的成果。本小节对组织公民行为的概念、维度构成及相关实证研究进行归纳和分析。

2.4.1　组织公民行为的概念

巴纳德（Barnard，1968）对满意度、激励与组织成员贡献的关系的研究，促使了组织公民行为概念的产生。巴纳德（1968）认为成员对组织的贡献并不局限于组织明确要求的职责，往往这种额外贡献与个人从事这种行为的意愿（合作行为）有密切关系。基于此，贝特曼和奥根（Bateman & Organ，1983）考察了组织中员工的行为，把工作描述和组织要求以外的行为称作组织公民行为（organizational citizenship behavior，OCB），并认为组织公民行为作为一种组织成员的行为结果，能够有效提高组织效率（Organ，1983）。奥根（1988）发表著作《组织公民行为：一个"好战士"的种种表现》，在该书中他提出了组织公民行为的定义：个体可自由决定是否实施，不被组织正式奖励系统直接或明确地承认，但在总体上能够提高组织机能和效率的行为。这一定义最为经典并被研究者不断引用，但也受到了一些质疑，尤其是组织公民行为会影响员工的考核结果（Podsakoff & Mackenzie，1994），所以后来奥根（1997）重新将之定义为"对组织、社会和心理环境起维持和促进作用的行为，这一环境有利于任务绩效的实现"。

2.4.2　组织公民行为的构成

组织公民行为维度的发展，经历了一个相当长的过程。

史密斯、奥根和尼尔（Smith，Organ & Near，1983）首先提出一个两维度的组织公民行为模型，包括利他行为和顺从行为（generalized compliance）。利他行为是指员工会面对面地帮助一个人；顺从行为是指没有明确受众、但可以间接地帮助到组织中其他人的个体行为，如守时、不浪费时间。这些行为的动机来自个体内在的一种价值观，即要求自己完成"一个好的员工应该做的事情"。

随后波德萨科夫和麦肯齐（Podsakoff & Mackenzie，1993）建立了一个三维度组织公民行为模型，包括人际间帮助、运动员精神、公民道德。人际间帮助是指无条件地帮助他人解决问题或工作任务，运动员精神是指以不抱怨的态度承受现实的但不理想的环境，公民道德是指员工能够积极参与组织生活中。

奥根（1988，1997）提出，组织公民行为应包括五个维度，分别是利他主义（altruism）、公民道德（civic virtue）、责任心（consciousness）、运动员精神（sportsmanship）和谦恭有礼（courtesy）。这些维度包括了诸如主动帮助同事、自觉遵守组织规定、对工作不抱怨、积极参加组织的各项活动等。各维度的具体含义见表 2 - 3。

表 2 - 3　　　　　　　　　奥根组织公民行为各维度含义

维度	含义
利他行为（帮助行为）	在他人陷入困境后，自愿帮助他人解决问题，如指导新员工如何使用设备，帮助同事完成大量积压的工作，帮助同事拿到工作需要却无法亲自得到的材料等
公民道德	积极主动地参与组织的日常事务，像主人公一样工作，如参加一些并没有要求参加但很重要的会议、了解其他部门的工作、在个人时间讨论工作相关的事情、及时就工作内容提出建设性意见
责任意识	出色完成工作角色的要求（超过工作角色要求的最低水平），如出席应该参加的会议、严格守时、保持工作区域干净整洁、遵守正式或非正式的规范以保持工作场所有序
运动员精神	对于琐碎的事情、不舒适的工作环境不抱怨、不反感，能够容忍不可避免的麻烦，在有压力的情况下保持积极的态度，愿意牺牲个人利益以维护组织利益
谦恭有礼	在与别人相关的工作（或活动、决策）上，及时将相关信息告知他人，或给予提醒、建议，避免对方陷入尴尬或困难

波德萨科夫等（2000）经过文献分析，指出研究中概念重叠的部分，并将已有关于 OCB 维度的研究整合归纳，建立了七维度组织公民行为模

型，包括帮助行为、运动员精神、组织忠诚、组织顺从、个人首创精神、公民道德和自我发展。

樊景立、厄尔利和林波（Farh, Earley & Lin, 1997）在奥根（1988, 1997）五维度模型的基础上，发现了中国文化下组织公民行为的维度，包括公司认同、同事间的利他行为、个人主动性、人际协调和保护公司资源。随后樊景立、钟玲和奥根（Farh, Zhong & Organ, 2004）抛开五维度模型的影响，在中国员工和领导者中访谈分析，进一步提出了十维度的中国人的组织公民行为维度，分别包括主动创新、帮助同事、建言、参加团队活动、提升公民形象五个传统维度和自我培训、参与社会公益、保护并节约资源、保持工作环境干净、人际间和谐五个扩展维度。中国人组织公民行为维度的提出，证明了东西方文化差异对角色外行为的理解有明显不同。

2.4.3 组织公民行为的影响因素

由上述对组织公民行为定义的探讨可以看出，组织公民行为具有自发性和随意性的特点（Bateman & Organ, 1983），它不受正式劳动合同的约束，员工可以自由选择表现或拒绝表现组织公民行为。这意味着，组织公民行为受到许多情境因素的影响。范戴恩、格雷厄姆和迪内施（Van Dyne, Graham & Dienesch, 1994）指出，如工作价值观、工作特征、个体职阶等都会影响组织公民行为的水平。波德萨科夫等（2000）基于文献梳理和元分析将组织公民行为的影响因素归纳为四个方面：个体特征、工作特征、组织特征和领导行为。

2.4.3.1 个体特征

影响组织公民行为的个体特征包括个人价值观、人格特征、个体态度等因素。

（1）价值观的影响。

穆尔曼和布莱克利（Moorman & Blakely, 1995）研究发现集体主义价值观与组织公民行为之间存在显著关系。瑞安（2002）探讨了 PWE 中努力工作与独立自主两个价值观维度对组织公民行为的影响，通过教堂和咨询公司两个样本的实证研究发现，独立自主价值观与组织公民行为中帮助他人维度显著负相关，与公民道德和运动员精神不相关；努力工作价值观与 OCB 中帮助他人维度显著正相关，在教堂样本中与公民道德维度正相关。费瑟和劳特尔（2004）以教师为研究样本，测量了对工作的影响力、工作变化、工作技能的使用三种工作价值观与组织公民行为的关系，研究发现，对于合同制的教师，组织公民行为与对工作的影响力和工作技能使用呈负相关，对于永久雇用的教师，组织公民行为与工作变化和工作技能使用呈正相关。

秦启文、姚景照和李根强（2007）基于 525 个中国员工样本，验证了工作价值观与组织公民行为之间的关系。他们采用樊景立等（2004）编制的中国组织公民行为量表。价值观量表包括舒适性、能力发展和地位三个维度。研究结果发现，价值观中"能力发展"维度对组织公民行为的公民认同、个人主动性、保护公司资源有显著的正向影响，"地位"维度对组织公民行为的公司认同、个人主动性和同事间的利他行为有显著正向影响，而"舒适性"维度则对组织公民行为无显著影响。

（2）人格特征的影响。

麦克雷和科斯塔（McCrae & Costa，1987）研究发现，大五人格中"责任心"维度与组织公民行为呈显著的正相关关系，外倾性、随和性、神经质等人格特征与组织公民行为之间不存在相关关系。科诺夫斯基和奥根（Konovsky & Organ，1996）进一步研究发现，责任心人格维度对组织公民行为中广泛顺从（generalized compliance）、利他行为和公民道德有显著影响，但对谦恭有礼和运动员精神两个维度没有影响。巴里克（1993）等的研究也发现了相似的结论。然而，奥根和瑞安（1995）认为人格因素对于组织公民行为的直接预测能力有限，个体人格特征更有可能通过态度间接影响组织公民行为。中国情境下研究者还考察并验证了集体主义导向对组织公民行为的正向影响（王震等，2012）。

（3）情感的影响。

许多研究探讨了情感因素对组织公民行为的影响，研究结论并不一致。奥根和科诺夫斯基（1989）指出，当控制了组织公平（如相对于其他人，你的薪酬或工作如何）因素后，个人情感与组织公民行为之间无显著关系。然而乔治（George，1991）研究发现，当把情感定义为短期的情绪状态，而不是一个长期稳定的个人特质时，积极的情感与组织公民行为显著相关。在奥根和瑞安（1995）的元分析中则发现研究结果并不支持情感与组织公民行为之间的关系。

2.4.3.2 工作特征

核心工作特征通常包括任务完整性、工作意义、技能多样性、自主性和反馈等。波德萨科夫等（2000）对组织公民行为研究的回顾与分析发现，工作特征（包括工作反馈、工作常规化、工作的内在满足性）与组织公民行为存在着稳定的相关关系，表现为工作反馈和工作内部满足性与组织公民行为存在显著正相关，而工作常规化与组织公民行为存在显著负相关。波德萨科夫等（2000）研究还发现，角色模糊、角色冲突对利他行为、谦恭有礼和运动员行为都有显著负向影响，但对公民道德没有显著影响。

工作流动性代表了个体对工作环境的评价。当个体认为市场上有很多更换工作的机会、在不同组织间变动工作是一件比较容易的事情时，个体感知到的工作流动性就比较高。惠淑琪、罗智泉和陈均（Hui，Law & Chen，1999）以中国一制造企业的基层员工为样本，基于386对领导—下属配对数据，验证了工作流动性对组织公民行为的影响。员工认为如果自己很快要离开该组织，那么一些投入（如时间、精力、金钱等）就是一种单方投入，不会收到回报。在这类员工看来，组织公民行为不是薪酬与奖励制度中直接考核的内容，是一种单方投入。因此，当员工感知到的工作流动性很高时，其组织公民行为相应较低。

2.4.3.3 组织特征

（1）组织公平的影响。

组织公民行为影响因素研究中出现最频繁的变量就是组织公平。组织公平是一种基本的组织氛围，它包括分配公平、信息公平、程序公平以及是否还有机会改变已经制定的分配决策。大量研究表明，组织公平与员工组织公民行为呈显著正相关（Bies，Martin & Brockner，1993；Farh，Podskoff & Organ，1990；Moorman，1991；Moorman，Niehoff & Organ，1993；Organ & Ryan，1995；Podsakoff et al.，2000；Tansky，1993）。樊景立、厄尔利和林波（Farh，Earley & Lin，1997）以中国台湾的企业员工为样本也验证了组织公平对中国人组织公民行为有显著正向影响。

（2）其他组织特征的影响。

波德萨科夫等（2000）通过元分析发现群体凝聚力与组织公民行为显著正相关，组织支持感也与员工的帮助行为显著正相关，此外，非领导决定的奖励与利他行为、事先告知和责任心之间存在显著负相关。沈伊默、袁登华、张华、杨东、张进辅和张庆林（2009）研究证明，员工对组织外在声望的感知也会影响其组织公民行为。

2.4.3.4　领导行为

变革型领导会向下属传达组织和团队的愿景、赋予工作意义、表达其对绩效的期望，激励下属关注集体的利益，促使下属表现出工作职责以外的行为，甚至自我牺牲（Shamir，House & Arthur，1993）。因此，变革型领导可以促进组织公民行为的产生（Podsakoff，MacKenzie & Bommer，1996；Podsakoff，MacKenzie，Moorman & Fetter，1990）。

泽勒斯、秦珀和达菲（Zellars，Tepper & Duffy，2002）在军队人员中验证了辱虐型领导与下属组织公民行为的关系。基于 373 个领导—下属配对样本，该研究辱虐型领导显著负向影响下属的组织公民行为，当把组织公民行为定义为角色外绩效时，这一关系更为显著。同时，程序公平中介了辱虐型领导与组织公民行为的关系，即辱虐型领导不会就如何分配资源与下属进行更多沟通，下属对程序公平的感知较低，这种不公平的负面感受与预期会降低下属的组织公民行为。

领导—成员交换与组织公民行为也密切相关。惠淑琪等（1999）研究认为，内群体成员（in-group member，即下属会与领导交换一些重要的资源，如时间、信息、人际支持等）比外群体成员（out-group member，即下属仅就工作职责内的事情与领导进行交换）表现出更强的组织公民行为。

波德萨科夫等（2000）元分析中，验证了四种领导行为对下属组织公民行为的影响，分别为：变革型领导、交易型领导、基于路径—目标理论的领导行为、基于领导成员交换理论的领导行为。研究结果显示，变革型领导（传达愿景、激发下属认同组织目标、提出绩效期望等）与组织公民行为显著正相关；交易型领导中的权变奖励行为与组织公民行为显著正相关，非权变惩罚行为与组织公民行为显著负相关；基于路径—目标理论的领导行为中，支持性领导行为与组织公民行为显著正相关，领导为下属定义清晰的角色行为与利他行为、事先告知、责任心和运动员精神正相关；基于领导成员交换理论的领导行为能够促进下属表现出利他行为，且与整体的组织公民行为正相关。

2.4.3.5 文化因素

樊景立、厄尔利和林波（1997）基于奥根（1988）组织公民行为五维度概念，通过探索性因子分析，建立了认同公司、保护公司资源、帮助同事等中国人的五维度组织公民行为，采用227对领导—下属配对数据，验证了传统价值观对组织公平和组织公民行为的调节作用。研究结果表明，当下属的传统性（强调关系和权威等）更低、现代性（强调开放、平等、自信等）更高时，组织公平的环境中下属更容易表现出组织公民行为。

王胡永、欣里希斯和普列托（Wang, Hinrichs & Prieto, 2013）基于奥格（1988）提出的组织公民行为五维度模型，验证了中美两国在OCB各维度方面的差异。研究结果显示，中国样本在运动员精神和谦恭有礼方面得分明显高于美国样本，而在公民道德方面低于美国样本。同时，研究还发现，集体主义/个人主义文化价值观对组织公民行为有显著影响。在集体主义导向下，员工更容易表现出较强的责任心、公民道德和谦恭有礼，而个体主义导向下，员工不太容易表现出运动员精神。

2.4.4　小结

本节从组织公民行为的概念、构成、影响因素等方面对已有研究进行了归纳。从以上影响因素的总结可以发现，促使个体产生组织公民行为的原因可以分为两类，一类是个体本身的人格特征，另一类是与工作相关的态度。组织公民行为最初定义为不会直接被奖励的组织行为（Organ，1988），而研究表明，这种个人行为最终都会得到认可和奖励（Podsakoff et al.，2000）。因此，对未来奖励的期待能够激发个体从事组织公民行为。然而，有些研究者认为组织公民行为没有直接可见的结果，无法进行评价（Borman & Motowidlo，1997；Organ，1997），不满足基于绩效的奖励体系的要求。因此，在传统的奖励机制无法解释组织公民行为的情况下（Ryan，2001；Shamir，1996），基于价值观的动机机制可能更容易解释组织公民行为背后的动机（Shamir，1996）。

第3章 理论基础与研究假设

要点:

- 研究基础: 相似—吸引理论简介。
- 开放型价值观匹配对员工满意度和组织公民行为的影响。
- 保守型价值观匹配对员工满意度和组织公民行为的影响。
- 自我超越价值观匹配对员工满意度和组织公民行为的影响。
- 自我提升价值观匹配对员工满意度和组织公民行为的影响。

3.1　相似—吸引理论

近几十年来，伯恩（Byrne，1971）的相似—吸引理论成为领导—下属相似性和差异性研究的主要理论基础，许多研究以此为依据探讨了影响领导—下属对偶关系的影响因素和影响效果。

伯恩（1971）提出"与我相似"假设，他认为，当评价者感知到被评价者与自己越相似，或在某些特征（如性别、年龄、价值观、人格特征等）具有客观相似性，双方就有可能产生更积极的互动关系，评价者对被评价者的评价结果也就越高。

伯恩提出"与我相似"的假设是基于自我分类理论。自我分类理论（Jackson et al.，1991；Tsui，Egan & O'Reilly，1992；Turner，Hogg，Oakes，Reicher & Wetherell，1987）认为，我们的自我概念是基于社会分类进行的，我们把自己归为某一类人（如按年龄、性别、种族），并希望能够得到一个积极的自我认同。积极的自我认同的需求使我们产生一种偏好或标准，对那些在社会分类中与我们比较相似的个体评价更高。这一理论表明，人们可能不需要交流就可以对他人进行分类，也就是说，这一判断可能是瞬间发生的。

当个体进行自我归类后，强化理论则进一步影响了双方的互动和判断。伯恩（1971）及他的同事从学习理论中得到启示，使用强化理论的框架解释了为什么相似性会影响人们对他人的评价。借鉴经典条件反射的观点，伯恩认为相似的特质是一种强化条件。从这一观点出发，伯恩认为每个人都有一种追求一致观点的需要，这种需要促使个体在本能上接受与自己观点相一致的态度和行为，排斥与自己观点不一致的态度和行为。伯恩把人们的这种需求称作"影响动机"。根据强化理论，个体偏好那些能够强化自己观点逻辑性和一贯性的刺激。与我们相一致的人会证实我们的观点和态度，从而强化我们的这种逻辑和一贯性（也就是说，满足了我们的"影响动机"）。在交往中，会产生积极的感受，从而产生相互吸引。反之，不相似的人们跟我们的观点不一致（也就是说，不能够满足我们的"影响动机"），会引起焦虑和困惑，这种消极的感受会让我们彼此排斥，至少不会彼此吸引。重要的是，像其他经典的条件反射一样，这种反射在个体无意识的状态下自动产生（Byrne, 1997；Byrne & Clore, 1970；Clore & Gormly, 1974）。伯恩和他的同事把这一理论解释称作强化模型（Byrne et al. , 1973）。依据该模型，相似的态度可以被认为是一种奖赏，因为它是一种正向的强化；而不相似的态度则是一种负向的强化。情感反应（如人际间的吸引）则中介了条件刺激（相似态度）和评价反应（如绩效评价）这一关系。

3.2　开放型价值观匹配对员工满意度和组织公民行为的影响

价值观对个体态度和行为的影响通过两种过程产生。一种是价值观作为一种评价标准，直接指导人们的行为方式，个体在工作中的行为表现与态度变化均与其工作价值观相一致（Shamir, 1996）。例如，若某些组织公民行为与自我超越价值观密切相关，那么高自我超越价值观的个体更易从事这些组织公民行为。另一种是价值观作为一种行为偏好，在工作场所中个体通过表现出相应的行为或态度来满足自己的偏好，从而达到认知与行为的一致性（Locke，1969；Rokeach，1973）。无论哪种过程，都是基于价值观的动机理论，即不同的工作价值观促使个体产生相应的行为动机，从而表现出相应的行为。

根据爱德华兹和凯布尔（2004）以及施瓦茨（1999），开放型价值观包括多样化（variety）和自主性（autonomy）两个方面。多样化是指丰富的工作任务类别，通过不同种类的事情刺激个体保持最佳的活跃状态。自主性是指独立思考并做出决策，不受他人控制。在这个过程中，个体享受探索、选择与创造的乐趣。由自主性与多样化组织成的开放型工作价值观强调以开放的姿态接受外界变化，保持对于新鲜事物的好奇心，对未知事物进行独立探索和思索。开放型工作价值观通常与创新、挑战、追求高绩效等行为相关。

基于这一概念，在开放型价值观维度偏好比较高的个体，希望工作内容更加丰富，愿意接受挑战，喜欢通过自己的思考判断采用自己独特的方式达成任务；更重要的是，在这个过程中这类员工希望能够由自己、而不是领导来决定如何完成工作。换言之，具有较高开放型价值观的个体成就动机比较强，如果个体的这种价值观偏好能够被满足，个体将会从这个过程中获得成就感和愉悦感，从而产生较高的满意度和工作动机。多样化和自主性动机比较强的个体认为：与他人合作的过程中，达成一致的意见或合作完成工作需要牺牲个人独立的意见，所以这类个体更喜欢独立工作，而不喜欢合作（Furnham，1990；Furnham & Koritsas，1990）；而且其对绩效的完美主义要求个体将全部精力投入工作中去，有限的资源限制了个体组织公民行为的产生。因此在开放型价值观方面偏好较高的个体其组织公民行为的水平较低。

根据人—环境匹配理论，当二者实现较高水平的匹配或契合时，个体会产生积极的结果。当领导和下属同时具有高开放型价值观偏好时，双方对彼此的行为偏好有较准确的预测，形成清晰的角色预期。在这种情况下，下属能够准确地把握领导设定的绩效目标和标准（Tsui &

O'Reilly，1989），领导会向下属提供有关工作进展和效果的信息反馈（Greene，1972）。由于工作上的完美合作，领导对下属表现出高度认可，下属则从中感受到高水平的工作满意感。

在施瓦茨（1994）的工作价值观模型中，开放型价值观包含个体对自由和独立生活的追求。偏好开放型价值观的个体希望设定自己的目标、发现机会并实现这一目标，这类个体一直试图扩大自己在组织中的角色范围（Arthaud-Day et al.，2012）。这种扩大角色定义的需求恰好是个体从事组织公民行为的动机。已有研究也显示，始终对工作充满积极态度的个体更容易将角色外的一些行为认定为自己的工作（Tepper，Lockhart & Hoobler，2001；Tepper & Taylor，2003），而这种能够主动扩大角色范围的员工倾向于从事更多的组织公民行为（Morrison，1994）。塞佩莱等（2012）也验证了施瓦茨价值观模型中对变化开放型的价值观维度与组织公民行为显著正相关。

因此，基于匹配理论，当领导与下属在开放型价值观维度偏好同时处于较低水平时，二者接受变化和自主追求的意愿都比较低，对自己的工作职责定义也较为狭窄，并不希望工作有过多变化，也不会主动地寻求这种变化。所以在领导与下属都处于较低水平的价值观维度时，下属并不会从事太多组织公民行为，领导也理解并接受下属的这种态度。而随着双方在开放型价值观维度的偏好增加，下属对工作内容的理解更为发散，自主工作的态度促进下属从事更多职责外的事情，表现出高水平的组织公民行为。此时高开放型价值观偏好的领导认可并赞赏这种行为，这会强化下属对团队的积极感受，从而进一步促进下属的组织公民行为（Tepper et al.，2001；Tepper & Taylor，2003）。

因此，本研究假设：

假设1a：相对于领导的开放型价值观与下属的开放型价值观同时较低的情况，二者同时较高时，员工的工作满意度更高。

假设1b：相对于领导的开放型价值观与下属的开放型价值观同时较低的情况，二者同时较高时，员工的组织公民行为更高。

当下属的开放型价值观偏好较高，而领导较低时，下属希望控制工作方式和工作结果的意愿显著强于领导。然而，莫斯科维茨、舒赫和德索尔尼尔（Moskowitz, Suh & Desaulniers', 1994）指出，相对于与同事和上级领导的互动，在领导和下属的关系中，领导有明显的控制行为。且当下属的控制行为高于领导时，二者无法形成良性的互动关系，下属的工作满意感明显受到负向影响（Glomb & Welsh, 2005）。随着领导的开放型价值观偏好的增加，领导对下属偏好的理解也相应增加。为了激励下属提高绩效，领导会提供更多资源、机会等工作支持。下属从中获得一定的工作控制感与成就感，其满意度会逐渐提高。当领导的开放型价值观偏好超过下属时，领导对工作过程和工作结果的控制高于下属，希望下属能够严格按照其设定的工作思路和工作计划完成工作。下属按照要求完成工作任务后将获得领导认可，其较低水平的开放型价值观偏好容易得到满足，因此工作满意度较高。同时，根据格隆布和韦尔什（Glomb & Welsh, 2005）研究，当领导的控制行为高于下属时，下属的满意感更高。因此，相对于领导开放性价值观偏好低于下属偏好时，领导偏好高于下属时，下属的工作满意感更高。

在组织公民行为的表现方面，如前所述，当下属的开放型价值观偏好较高，而领导的较低时，下属从事组织公民行为的意愿高于领导。虽然领导较为保守，但能够认可下属的这些有益于组织和团队的努力。随着领导在该维度价值观上的偏好逐渐增加，领导主动表现出组织公民行为的动机提高，对下属的行为逐渐认可。在这种正向激励下，下属的组织公民行为会逐渐提高。当领导的开放型价值观偏好高于下属时，领导表现出更高的组织公民行为。开放型价值观高的个体希望自己在组织中发挥更大的作用，其对自己的角色定义也较宽泛（Arthaud-Day et al.，2012）。开放型价值观偏好的领导认为从事组织公民行为是一件合理的事情、分内的事情。这种绩效评价方式会促使下属为了获得领导认可而进行适当的印象管理，故意表现出领导认可的组织公民行为。领导的组织公民行为水平越高，下属为了获得高评价也相应地表现出越高水平的组织公民行为。此外，从社会学习理论的角度（Bandura, 1977），当团队领导向下属传递出团队认可和奖励组织公民行为的信号时，下属会模仿这种行为，从而表现出较高水平的组织公民行为。

因此，本研究假设：

假设1c：当领导的开放型价值观偏好程度低于下属的偏好时，下属的工作满意度与价值观差异程度呈负相关关系，即随着领导—下属开放型价值观差异的减小，下属的工作满意度增加；当领导的开放型价值观偏好超过下属的偏好时，下属的工作满意度与价值观差程度呈正相关，即随着领导—下属开放型价值观差异的增加，下属表现出更高的工作满意度。

假设1d：当领导的开放型价值观偏好程度低于下属的偏好时，下属的组织公民行为与价值观差异程度呈负相关关系，即随着领导—下属开放型价值观差异的减小，下属表现出更高的组织公民行为；当领导的开放型价值观偏好超过下属的偏好时，下属的组织公民行为与价值观差程度呈正相关，即随着领导—下属开放型价值观差异的增加，下属同样表现出更高的组织公民行为。

3.3 保守型价值观匹配对员工满意度和组织公民行为的影响

根据爱德华兹和凯布尔（2004）以及施瓦茨（1999），保守型工作价值观包括权威（authority）和安全（security）两个内容。权威是指遵从权威，沿袭传统习惯，进行自我约束。安全主要是指雇用安全，如工作稳定、不会失业、具有就业能力。保守型工作价值观强调尊重组织中的层级结构，接受组织和领导安排，循规蹈矩的工作观念，严格的自我约束，从而保持稳定平和的工作和生活状态。保守型价值观传递的是一种希望维持现状、以一种简单的认知标准（如好与坏、对与错、团队内与团队外等）理解周围环境的行为动机。保守型工作价值观偏好高的个体关注组织规范和组织的期望，会以此为标准要求自己，同时还会严格约束自己的行为、爱好和冲动，以避免违背组织和他人的期望。他们忠诚于组织和团队，并尽力维持安全、和谐和稳定。

因此，当领导与下属同为高保守型工作价值观时，他们有尊重权威、追求工作生活稳定的共同目标，这种共同的目标能够帮助双方建立一个高质量的领导—下属关系（Zhang et al.，2012），更容易就如何保持现状、如何稳妥地完成工作绩效目标达成一致的意见，也更容易产生融洽的合作（Meglino et al.，1991）。已有关于目标一致性的研究表明，这种一致性可以帮助下属明确努力的方向，为达成领导制定的目标付出直接贡献（Colbertet al.，2008；Jauch，Osborn & Terpening，1980）。同时目标一致性对个体的情绪有显著的正向影响，即目标一致会形成积极的、正向的情绪感受，而目标不一致则容易产生消极的负面的情绪感受（Laza-rus，1991）。因此，当领导与下属保守型工作价值观在较高水平匹配时，他们对于工作优先性的理解和对工作努力的评价是一致的，这将对下属的工作态度产生积极的影响（Zhang et al.，2012）。已有实证研究也证明了领导与下属工作目标的相似与下属工作满意度有显著的正相关关系（Kristof-Brownet al.，2005；Vancouver & Schmitt，1991）。然而，当领导与下属的保守型价值观均比较低时，彼此表现出低团队参与、挑战组织规范与权威，对自我的约束程度低，在工作行为管理方面二者无法达成一致的目标。在这种情况下，下属难以把握领导对工作安排和绩效的预期，这种模糊性或不确定性会带来强烈的负面感受，降低下属的工作满意度。

由于保守型价值观偏好的个体安于现状、尊重传统，约束自己的行为，避免对别人造成影响（Schwartz，1994）。他们认为，在未经过他人允许的情况下主动改变事情的发展过程，会增加他人的不确定感。保守型偏好的个体自身害怕变化和不确定感，相应地也会避免给别人带来变化。因此，领导—下属在高水平的保守型价值观匹配时，二者同时表现出行为谨慎的态度，下属的组织公民行为相应较低。相反，当领导和下属保守型价值观偏好较低时，对环境变化的容忍程度提高，为了获得领导较高的绩效评价和人际和谐，下属会表现出更多的组织公民行为。

因此，本研究假设：

假设 2a：相对于领导的保守型价值观偏好与下属的保守型价值观偏

好同时较低的情况，二者同时较高时，员工的工作满意度更高。

假设 2b：相对于领导的保守型价值观偏好与下属的保守型价值观偏好同时较低的情况，二者同时较高时，员工的组织公民行为更低。

当领导对保守型价值观偏好低于下属时，双方在彼此的行为预期上无法达成一致。高保守型价值观的下属偏好以一种简单的方式理解工作场所行为，如希望领导能够布置明确的工作任务、清晰的工作进程管理，而不是临时任务和突发状况。低保守型价值观的领导无法向员工提供一个清晰的行为预期，下属在工作中容易产生不安全感，这种负面情绪会降低员工的工作满意感，削弱从事组织公民行为的动机。已有研究也验证，当下属感受到领导支持时，作为回报，会表现出更强的组织公民行为；但当下属较少感受到领导支持时，会抑制自己的组织公民行为（Zellars et al.，2002）。随着领导对保守型价值观偏好的增加，二者的偏好差异减小，下属的不安全感逐渐减小，其工作满意感和从事组织公民行为的动机会增强。当领导对保守型价值观的偏好高于下属时，下属与领导在遵守组织规范、服从安排、自我约束方面容易产生冲突。下属的随意行为会威胁领导的心理安全感，因此，领导对下属持负面评价，进而影响下属的工作满意度。下属的组织公民行为也会被领导认为是逾越了本职，从而受到抑制。

因此，本研究假设：

假设 2c：领导与下属在保守型价值观偏好的差异程度与员工的工作满意感呈倒 U 形，当领导的保守型价值观偏好低于下属的偏好时，随着价值观差异的减少，员工的工作满意度增加；当领导的保守型价值观偏好高于下属的偏好时，随着价值观差异的增大，员工的工作满意度降低。

假设 2d：领导与下属在保守型价值观偏好的差异程度与员工的组织公民行为呈倒 U 形，当领导的保守型价值观偏好低于下属的偏好时，随着价值观差异的减少，员工的组织公民行为增加；当领导的保守型价值观偏好高于下属的偏好时，随着价值观差异的增大，员工的组织公民行为降低。

3.4　自我超越价值观匹配对员工满意度和组织公民行为的影响

根据爱德华兹和凯布尔（2004）以及施瓦茨（1999），自我超越工作价值观包括与他人关系（relationships with others）和利他行为（altruism）。与他人关系是指建立同事关系，多了解他人，保持和睦、亲密的交往。利他行为是指帮助他人，服务组织，改善工作环境。自我超越价值观强调一种超越自我利益的、维护并提升他人福祉的内在动机。

高自我超越工作价值观偏好的个体容易理解和接纳他人、感激他人，并为他人的福利着想，尤其是与自己关系比较亲密的个体，如工作伙伴。这种类型的个体在工作中很少抱怨，不会过于计较任务量和回报，乐于回应他人的求助，并对他人的困难非常敏感，时刻准备提供关怀和帮助，他们内心始终充满忠诚、希望和宽容等积极的情感。这种个体的工作满意感和组织公民行为都相应较高。

已有研究表明，如果下属感知到他们的价值观与领导的价值观相匹配，那么下属对自己的工作和整体工作环境会更满意（Wexley et al.，1980）。如果领导和下属在自我超越价值观维度的偏好同时很高，那么同样积极、乐观的工作态度可以提高双方的沟通质量，形成清晰的行为预期。双方也都会主动与对方建立一种亲密的伙伴关系，彼此提供帮助行为。领导—下属高自我超越价值观的一致性，能激发彼此的喜爱、认可。良好的领导—下属关系以及积极的工作感受，会促进下属产生较高的工作满意感。相反，如果领导—下属在自我超越价值观的偏好均比较低，对工作本身及工作环境持挑剔、计较的态度，与同事的关系质量较低，这都会影响下属的工作满意感。

员工表现出组织公民行为并不是为了获得报酬，而是出于对他们所在团队或组织的利益考虑（Wang，Hinrichs & Prieto，2013）。自我超越价值观所包含的利他行为本身就是从事组织公民行为的动机。自我超越价值观高的个体内心中组织和他人的利益在个人利益之上，他们不仅会出色完成工作任务，而且会主动担负其他方面的工作，希望自己能够帮助他人、改善组织的工作环境。这种帮助并不一定是在他人出现困难的时候，而是在任何可以增进他人福祉的时候（Organ，1988）。领导—下属高自我超越价值观的一致性，能激发彼此的认同，相互鼓励和强化这种自我奉献的利他行为，从而促使下属表现出更强的组织公民行为。相反，若领导和下属对自我超越价值观的偏好均比较低，他们并不认为与他人维持良好的关系是非常重要的事情，也不需要通过帮助别人来实现自己的价值，甚至认为个人利益高于组织利益和他人利益，那么个体在组织公民行为上的表现程度就非常低。

因此，本研究假设：

假设 3a：相对于领导的自我超越价值观偏好与下属的自我超越价值观偏好同时较低的情况，二者同时较高时，员工的工作满意感更高。

假设 3b：相对于领导的自我超越价值观偏好与下属的自我超越价值观偏好同时较低的情况，二者同时较高时，员工的组织公民行为更高。

如果领导与下属自我超越价值观的偏好不一致，这种差异同样会影响下属满意感和组织公民行为。当领导的自我超越价值观动机低于下属时，下属尝试建立融洽、亲密人际关系的行为不容易被领导接受，下属从事的超出工作职责范围的组织公民行为也得不到认可，多次类似互动在下属心中会形成负面的、消极的情感，降低下属的工作满意感和从事组织公民行为的意愿。

随着领导自我超越价值观动机的提高，双方在人际关系和利他行为方面的认知差异逐渐缩小，下属感受到的来自领导的支持和认同也越来越多，心理偏好得到满足的程度越大，个体的工作满意感和从事组织公民行为的动机也越来越强。

当领导的自我超越价值观动机高于下属时，下属会持续感受到来自领导的关怀，领导对相互关系的付出以及主动的帮助行为，会促使下属产生更高的满意感。同时，乐于奉献的领导也会在团队中营造真诚、互助的氛围，低自我超越价值观动机的下属感知到领导的激励，也会主动表现出更多的帮助行为，组织公民行为水平越高。根据社会学习理论（Bandura，1977），下属会模仿其行为榜样，如领导、同事，以保证他们自己的行为与大家一致，符合团队规范（Bommer，Miles & Grover，2003；Ehrhart & Naumann，2004；Mayer，Kuenzi，Greenbaum，Bardes & Salvador，2009），当领导表现出高水平的利他行为导向时，下属为了获得领导的认可，会更多地从事类似行为，从而表现出更高水平的组织公民行为。

因此，本研究假设：

假设 3c：当领导自我超越价值观偏好程度低于下属偏好时，下属的工作满意度与价值观差异程度呈负相关关系，即随着领导—下属自我超越价值观差异的减小，下属的工作满意度增加；当领导自我超越价值观偏好超过下属偏好时，下属的工作满意度与价值观差异程度呈正相关，即随着领导—下属自我超越价值观差异的增加，下属的工作满意度增加。

假设 3d：当领导自我超越价值观偏好程度低于下属偏好时，下属的组织公民行为与价值观差异程度呈负相关关系，即随着领导—下属自我超越价值观差异的减小，下属表现出更高的组织公民行为；当领导自我超越价值观偏好超过下属偏好时，下属的组织公民行为与价值观差异程度呈正相关，即随着领导—下属自我超越价值观差异的增加，下属同样表现出更高的组织公民行为。

3.5　自我提升价值观匹配对员工满意度和组织公民行为的影响

根据爱德华兹和凯布尔（2004）以及施瓦茨（1999），自我提升价值观包括两个方面，报酬（pay）和声望（prestige）。报酬是指对个人劳动付出所获得的回报。声望是指在组织内或相关环境下，受到他人尊重、重视并被他人仰视。自我提升工作价值观强调为个人服务，甚至不惜牺牲他人利益而追求个人利益和个人的相对成功。

高自我提升价值观偏好的个体追求社会地位和威望，希望控制资源和其他人，希望建立自己是成功者的形象，证明自己的能力高于社会一般标准（Schwartz，1992）。这种类型的个体经常是目标导向，其内在的社会比较准则不仅是要卓越，而且希望超越大多数人。自我提升价值观动机比较强的个体不会过多地关心他人福利、考虑亲疏远近（Schwartz，1992），也不会考虑人人平等的问题，他们更关心自己在组织内的地位高低（Roccas，2003），所以他们对于无益于自我利益实现的事情毫无兴趣。强调自我提升工作价值观的个体，更会认同组织内有较高社会地位的人，或有较高地位的团队（Roccas，2003）。

自我提升动机较强的个体被称为"好演员（good actors）"（Bolino，1999）。为了提升他们的社会地位、改进绩效评价水平、提高获得重要奖励的概率，他们会表现出高水平的组织公民行为（Bolino，Varela，Bande & Turnley，2006）。这种策略是有效的，许多研究显示，虽然工作说明书中并没有要求组织公民行为，但领导仍会在评价下属绩效的时候考虑到组织公民行为（Allen，Barnard，Rush & Russell，2000；Allen & Rush，1998；Podsakoff & MacKenzie，1994）。其他研究也表明，如果表现出较高水平的组织公民行为可以帮助个体实现职业成功或获得领导主动奖励，员工就会这样做（Haworth & Levy，2001；Hui，Lam & Law，2000）。也就是说，组织公民行为是高自我提升动机偏好的个体进行印象管理的一种手段（Arthaud-Day et al.，2012）。

因此，当领导和下属同属于高自我提升价值观偏好的个体时，下属的组织公民行为就相对较高。随着二者对该价值观偏好的降低，下属的表现更为真实，其组织公民行为相应降低。

已有关于自我提升价值观的研究中，并没有明确说明该价值观维度与工作满意度的关系。但从匹配理论考虑，当领导与下属在该价值观维度的偏好一致时，会产生积极的效果。当二者在自我提升价值观偏好上高水平匹配时，彼此更容易理解对方的行为动机，尤其是领导对下属的理解。

因此，本研究假设：

假设4a：相对于领导的自我提升价值观偏好与下属的自我提升价值

观偏好同时较低的情况，二者同时较高时，员工的工作满意感更高。

假设 4b：相对于领导的自我提升价值观偏好与下属的自我提升价值观偏好同时较低的情况，二者同时较高时，员工的组织公民行为更高。

如果领导和下属的自我提升工作价值观偏好不一致，双方容易产生摩擦。当领导的自我提升工作价值观偏好低于下属偏好，下属对地位和声望的追求就会被认为是野心勃勃，如前文所述的印象管理行为也会被认为是伪装的行为。罗卡斯（2003）指出，强调自我提升工作价值观的个体，更会认同组织内有较高社会地位的人。若领导比较温和，反而不容易受到这类下属的认同。这时的领导—下属关系质量较差，领导对这类下属的喜爱接纳程度较低，相应的，领导在资源的机会分配时会产生倾斜，从而影响高自我提升工作价值观下属的工作满意度。随着领导自我提升价值观偏好的增加，领导与下属在该价值观维度的偏好差异逐渐缩小，下属的工作满意度会逐渐提升。当领导自我提升价值观偏好高于下属时，领导以自我利益为中心的管理方式反而会影响下属的工作满意度。

在组织公民行为方面，当下属自我提升价值观偏好高于领导时，下属有强烈的内驱力表现更高的组织公民行为，此时不受领导行为的影响。而随着下属自我提升价值观偏好逐渐降低，领导—下属价值观偏好差异减少，下属会表现出更真实的自我，其组织公民行为反而降低。当领导自我提升价值观偏好高于下属时，下属不仅会因真实的自我降低组织公民行为的水平，而且会对领导的印象管理行为产生负面评价，进一步降低从事组织公民行为的动机。

因此，本研究假设：

假设 4c：领导与下属在自我提升价值观偏好的差异程度与员工的工作满意感呈倒 U 形。当领导自我提升价值观偏好低于下属偏好时，随着价值观差异的减少，员工的工作满意度增加；当领导自我提升价值观偏好高于下属偏好时，随着价值观差异的增大，员工的工作满意度降低。

假设 4d：领导与下属在自我提升价值观偏好的差异程度与员工的组

织公民行为呈负相关。当领导自我提升价值观偏好低于下属偏好时，随着价值观差异的减少，员工的组织公民行为降低；当领导自我提升价值观偏好高于下属偏好时，随着价值观差异的增大，员工的组织公民行为进一步降低。

第4章 研究设计

要点：

- 研究程序与研究样本。
- 变量的测量方法。
- 研究的分析技术。

4.1 研究程序与样本

以往有关领导—下属匹配关系的考察在研究对象上几乎涵盖了各类工作群体，如医护人员（Brown & Trevino，2009；Brown & Trevino，2006；Bluedorn，Kalliath，Strube & Martin，1999）、MBA 学生（Hoffman et al.，2011；Jung & Avolio，2000）、中学老师（Erdogan et al.，2004）、政府部门（Van Vianen et al.，2011）、金融业（Zhang et al.，2012）。由于利登等人（1980）指出90%的领导会对团队中的不同下属区别对待，且不管在何种工作情境下资源的相对稀缺性都会使得下属在意领导怎样建立交换关系和分配资源。这意味着，领导与下属匹配对领导与下属关系的建立的影响具有跨情境的效应。为了获得更具有普遍意义的研究结论，不少研究（Giberson et al.，2005；Tak，2011；Van Vianen，2000；Van Vianen et al.，2011）采用了混合样本进行考察。考虑到数据获取难度问题，本研究也采用混合样本取样法进行数据收集工作。

为保证数据收集的质量，笔者在征得企业负责人同意后与各家企业人力资源部门确定调查方式和抽样程序。调研采用现场发放问卷和信封邮寄问卷两种形式。现场组织问卷调查由笔者亲到到场，请被调研企业协助提供会议室，并由协调人联系各部门员工到会议室填答。填答时，领导与下属分别在不同的位置，完成已事先编号的问卷。填答完成后，被试将问卷交由笔者或协调人检查，赠送小礼物（便签或签字笔）一份。采用信封邮寄形式的调研则由笔者事先从被调研企业的人力资源部门取得各部门领导和员工的名单，预先编好配对样本序号，再将相应的问卷装到标有编号的单独的信封里。信封里有问卷、小礼物和填写说明，员工问卷填写说明中包括调研目的与填答说明，领导问卷填写说明中包括调研目的、填答说明以及配对名单。随后将问卷邮寄给各领导，请各领导按配对名单交由各下属填写，随后再一并邮寄给笔者。

本研究的样本企业分布于北京、合肥、贵阳三个地区，涉及制造和服务两大行业。调研时，共发放问卷 400 对，收回问卷 340 对。经过问卷筛查处理，将空白过多、反应倾向过于明显的问卷剔除后，共余有效问卷 289 对，其中领导问卷 61 份，下属问卷 289 份，有效回收率为 72.25%。

研究样本的构成情况如下。在领导者样本中，男性领导有 42 人，占 68.9%，女性领导有 18 人，占 29.5%，1 人未填写；大学本科及以上学历的领导有 36 人，占 59.0%，大专学历的领导有 18 人，占 29.5%，高中（中专）及以下学历的有 3 人，占 4.9%，4 人未填写；34 岁及以下的领导有 22 人，占 36.0%，35~50 岁的领导有 32 人，占 52.5%，51 岁及以上的领导有 5 人，占 8.2%，有 2 人未填写；在本公司工作平均时间为 100.39 个月，在本岗位上工作时间为 44.64 个月。在员工样本中，有 153 位男性员工，占 52.9%，134 位女性员工，占 46.4%，有 2 人未填写；大学本科及以上学历的员工有 174 人，占 60.2%，大专学历的员工有 60 人，占 20.8%，高中（中专）及以下学历的员工有 49 人，占 16.9%，有 6 人未填写；34 岁及以下的员工有 207 人，占 71.6%，35~50 岁的员工有 66 人，占 22.8%，51 岁及以上的员工有 16 人，占 5.6%。

4.2 变量测量

本研究的变量包括领导者和下属各自的工作价值观倾向、下属的工作满意度和组织公民行为。其中，领导需要填答自己的工作价值观倾向，并评价下属的组织公民行为；员工需要填答自己的工作价值观倾向和工作满意度。

本研究所涉及的变量均采用国外已有的信效度较高且被广泛使用的量表进行测量。工作满意度量表已经国内学者修订、并被验证在中国情境下具有良好的信度和效度，本研究将直接使用。其他未经修订的量表在使用前将由精通人力资源专业和英语的专家进行翻译和回译，以保证中文翻译版与原文意义相同。

工作价值观的测量采用凯布尔和爱德华兹（2004）基于施瓦茨

（1992）提出的四维度基本价值观进行修订的工作价值观量表。该量表包含利他主义、人际关系、报酬、声誉、安全感、权威、变化、自主性 8 个维度，每个维度 3 个题项，共 24 个题项。凯布尔和爱德华兹开发本量表的初始目的在于分析价值观匹配问题，后被广泛引用，这证实了该量表在匹配问题研究中良好的信度和效度。变量的测量采用李克特 5 点计分法。测量时，被调查者需要回答"以下内容对你而言，重要吗？"并按照对每项表述（如"与同事建立亲密的关系""按照我自己的方式完成我的工作""为公司做出贡献""获得尊重"）的判断从"1—非常不重要"到"5—非常重要"中做出选择。在本研究中，探索性因子分析表明，领导填写的工作价值观量表是一个四维构念，累积方差解释率达到 55.58%，且该量表的 Cronbach's Alpha 信度系数为 0.76，下属填写的工作价值观量表也是一个四维构念，累积方差解释率达到 51.33%，该量表的 Cronbach's Alpha 信度系数为 0.83。

员工的工作满意度的测量采用徐安实、伊根和奥赖利（Tsui, Egan & O'Reilly, 1992）编制的 6 个题项的总体员工满意度量表，包括对领导的满意度、对工作本身的满意度、对同事的满意度、对工资的满意度、对晋升机会的满意度和总体满意度。例如，"我对单位里的同事非常满意""我对我所从事的工作本身非常满意""总体来说，我对我目前的工作非常满意"。该量表在中国情境下得到广泛使用（如李超平，田宝，时勘，2006），被证实有良好的跨文化适用性。变量的测量采用李克特 5 点计分法，被调查者按照对每项表述的同意程度从"1—非常不同意"到"5—非常同意"中做出选择。在本研究中，探索性因子分析表明，工作满意度量表是一个单维构念，累积方差解释率为 57.79%，该量表的 Cronbach's Alpha 信度系数为 0.85。

员工的组织公民行为的测量采用布莱德和泰勒（Blader & Tyler, 2009）的量表。该量表包含 7 个项目，测量了直接主管对员工角色外行为的评价，如"该员工自愿做一些工作要求之外的、能帮助组织发展的事情""该员工替请假的同事完成工作"。尽管一些研究者区分了组织公民行为的不同类型或维度，勒平、埃雷兹和约翰逊（LePine, Erez &

Johnson，2002）的元分析表明这些不同类型/维度之间有很强的关联性，且影响因素非常相近。因此他们认为组织公民行为可以从总体上进行考察。因此，近年来大量研究未区分 OCB 的不同维度，而是将其看作与任务绩效并列的角色外行为（如 Li，Liang & Crant，2010；Wang，Law，Hackett，Wang & Chen，2005）。在本研究中，探索性因素分析显示，该组织公民行为量表是一个单维构念，累积方差解释率达到 49.96%，该量表的 Cronbach's Alpha 信度系数为 0.83。

控制变量。以往的研究表明，领导和下属在人口统计学信息上的匹配会显著影响满意度等员工态度和行为（Jackson et al.，1991；Lincoln & Miller，1979；Tsui & O'Reilly，1989；Zenger & Lawrence，1989），因此本研究控制相关的人口统计学变量的相似（或差异）性，以降低其他因素的干扰。参考鲍尔和格林（1996）的做法，取领导与下属各自年龄的绝对值差作为年龄差异。参考张政等（2012）的做法，使用虚拟变量控制性别差异（记 1 为性别相同，0 为性别不同）。另外，本研究还控制了领导和下属共事时间，以排除可能存在的相似性效应（Green，Anderson & Shivers，1996）。

4.3 分析技术

结合本研究的目的和问题，研究者采用多项式回归和响应曲面分析的技术验证研究假设。

在进行多项式回归分析之前，尚诺克、巴兰、金特里、帕蒂森和赫格斯塔德（Shanock，Baran，Gentry，Pattison & Heggestad，2010）建议首先考察匹配数据的一致/不一致分布情况，从而了解样本是否存在匹配性、匹配样本的数量以及差异的方向。在本研究中，即为判断领导与下属在开放型、保守型、自我提升、自我超越四个工作价值观维度方面，二者评分相一致、领导评分高于下属评分、下属评分高于领导评分的比例。如果匹配样本（或差异样本）比例非常小，匹配效应（或不匹配效应）对结果变量的影响就会相应减小，甚至不显著（Shanock et al.，2010）。

本研究的多项式回归方程中，以领导和下属的工作价值观为自变量，以满意度、组织公司行为和管理有效性为结果变量，模型的公式如下：

$$Z = b_0 + b_1 L + b_2 F + b_3 L^2 + b_4 LF + b_5 F^2 + e \qquad (4-1)$$

其中，Z 代表结果变量，L（Leader）代表领导的工作价值观，F（Follower）代表下属的工作价值观。公式中包含两个一阶回归项和三个二阶回归项。针对工作价值观的四个维度、一个中介变量以及两个结果变量，本研究将构建 8 个回归模型。每个模型中均把领导与下属的年龄差异、性别差异、共事时间作为控制变量。

运用多项式回归的方法建立模型时，需要将自变量以测量量表中心值为中点进行中心化，从而减少二阶变量的多重共线性，便于三维曲面特征点的解释（Edwards & Cable，2009）。判断匹配效应对结果变量是否有显著影响，主要依据三个二次项对结果变量的解释能力是否有显著增加，即 ΔR^2 是否显著。若加入三个二次项后，方程的解释能力显著增加，则表明匹配效应对结果变量的影响显著，反之，若加入三个二次项后，方程的解释能力增加不显著，则表明匹配效应对结果变量无显著影响。

多项式回归的系数用于决定响应曲面的形状，而不是匹配程度（Edwards，1994；Shanock et al.，2010）。响应曲面是为了进一步地解释匹配效应在不同方向上对结果变量的影响方式。在匹配效应对结果变量影响显著的基础上，作三变量的曲面图，通过分析一致性曲线（L = F）和不一致曲线（L = - F）截面上结果变量的变化，来判断三者的关系。一致性曲线截面反映的是当领导与下属价值观匹配时，结果变量的变化情况；不一致曲线截面反映的是当领导与下属完全不匹配时，结果变量的变化情况。

分别将 L = F 和 L = - F 代入式（4-1）中推导得到式（4-2）和式（4-3）。其中，$b_1 + b_2$ 和 $b_3 + b_4 + b_5$ 分别是 L = F 截面上的斜率和曲率，前者代表领导和下属工作价值观匹配时，结果变量的变化情况。若 $b_1 + b_2 = 0$，意味着在价值观一致时，结果变量无变化，即无论是领导高价值观偏好和下属高价值观偏好的匹配，还是领导低价值观偏好和下属低价值观偏好的匹配，结果变量都是相同的。若 $b_1 + b_2$ 显著不为 0，意味着领导—下属价值观一致性对结果变量有显著影响，当 $b_1 + b_2$ 显著为正时，领导—下属价值观一致性与结果变量呈正相关关系，即相对于领导低价值观偏好和下属低价值观偏好的匹配，结果变量在领导高价值观偏好和下属高价值观偏好匹配时更高，表现在曲面图上即为方程曲面在一致性截面上的截线呈递增趋势。若 $b_1 + b_2$ 显著为负时，领导—下属价值观一致性与结果变量呈负相关关系，即相对于二者高水平的匹配，结果变量在低水平匹配时更高。

$$Z = b_0 + b_1L + b_2F + b_3L^2 + b_4LF + b_5F^2 + e$$

$$= b_0 + (b_1 + b_2) L + (b_3 + b_4 + b_5) L^2 + e \qquad (4-2)$$

$$Z = b_0 + b_1L + b_2F + b_3L^2 + b_4LF + b_5F^2 + e$$

$$= b_0 + (b_1 - b_2) L + (b_3 - b_4 + b_5) L^2 + e \qquad (4-3)$$

曲率 $b_3 + b_4 + b_5$ 反映的是领导和下属工作价值观一致性与结果变量是线性关系还是非线性关系。若 $b_3 + b_4 + b_5$ 不显著，领导—下属价值观一致性与结果变量为直线关系，即方程曲面在 $L = F$ 截面上的截线呈直线变化。若 $b_3 + b_4 + b_5$ 显著，价值观一致性与结果变量为曲线关系，即方程曲面在 $L = F$ 截面上的截线呈曲线变化。

$b_1 - b_2$ 和 $b_3 - b_4 + b_5$ 分别是 $L = -F$ 截面上的斜率和曲率，前者表示不一致方向对结果变量极值的影响。若斜率 $b_1 - b_2$ 显著为正，则意味着极值在领导价值观高于下属价值观的方向上取得，反之表示极值在下属价值观高于领导价值观的方向上取得。若斜率 $b_1 - b_2$ 不显著，则极值点为 $L = F$ 截面和 $L = -F$ 截面与曲面的交点。

曲率 $b_3 - b_4 + b_5$ 表示两个自变量的差异程度对结果变量的影响。若曲率显著为负，则意味着随着领导—下属价值观差异在两个方向（领导价值观偏好高于下属偏好、下属价值观偏好高于领导偏好）上的增加，结果变量都随之而减小，反之表明，随着领导—下属价值观差异的增加，结果变量越大。斜率和曲率的显著性检验主要参考尚诺克等（2010）所提出的方法。

第5章 研究结果

要点：

- 领导—下属工作价值观匹配/不匹配频率统计分析结果。
- 描述性统计和相关分析结果。
- 领导—下属开放型价值观匹配对员工满意度和组织公民行为的影响。
- 领导—下属保守型价值观匹配对员工满意度和组织公民行为的影响。
- 领导—下属自我超越价值观匹配对员工满意度和组织公民行为的影响。
- 领导—下属自我提升价值观匹配对员工满意度和组织公民行为的影响。

5.1　领导—下属工作价值观匹配/不匹配频率统计分析结果

本研究根据弗利纳、麦考利和布鲁特斯（Fleenor, McCauley & Brutus, 1996）的方法，将领导和下属工作价值观进行标准化转换，以其中任一变量加减半个标准差为区间端点，来判断二者的匹配/不匹配关系。若另一个变量小于该变量减去半个标准差或者大于该变量加上半个标准差，则该样本为差异样本；若另一个变量大于等于该变量减去半个标准差且小于等于该变量加上半个标准差，则该样本为匹配样本。本研究所使用的样本匹配/不匹配频率分布如表 5-1 所示。

表 5-1　　　　　领导—下属工作价值观匹配/不匹配频率分布

类别	开放型				保守型				自我提升				自我超越			
	N	%	M (L)	M (F)	N	%	M (L)	M (F)	N	%	M (L)	M (F)	N	%	M (L)	M (F)
L>F	113	39.1	4.23	3.22	132	45.7	4.22	3.51	128	44.3	4.50	4.03	116	40.1	4.71	3.83
匹配	55	19.0	3.84	3.48	40	13.8	3.93	3.99	37	12.8	4.05	4.14	51	17.7	4.50	4.17
L<F	121	41.9	3.54	3.84	117	40.5	3.47	4.33	124	42.9	3.93	4.71	122	42.2	4.27	4.45

注：N=289。其中，L 代表领导，F 代表下属。

5.2　描述性统计和相关分析结果

研究中涉及的所有变量的描述性统计结果和相关系数矩阵见表 5-2 所示。相关分析的结果显示，年龄差异、性别差异、领导—下属共事时间与结果变量的相关性并不显著。领导保守型价值观（r=-0.13，p<0.05）和自我超越型价值观（r=0.31，p<0.01）与下属的组织公民行为显著相关。下属保守型价值观（r=0.38，p<0.01）和自我超越型价值观（r=0.29，p<0.01）与工作满意度显著相关，下属开放型价值观（r=0.12，p<0.05）与保守型价值观（r=0.18，p<0.01）与组织公民行为显著相关。此外，领导汇报的四个价值观维度在领导样本中表现出较强的相关性，说明在领导群体中，四种对立的价值观是同时存在的。同样，下属样本中四个价值观维度的相关性也表明在该样本中同时存在四种价值观维度。

表5-2

研究变量的描述性统计及相关分析结果

变量	M	SD	1	2	3	4	5	6	7	8	9	10	11	12
1 年龄差异	5.15	11.24												
2 性别差异	0.57	0.50	0.01											
3 共事时间	29.00	30.86	-0.06	0.00										
4 领导开放型价值观	3.86	0.60	0.09	-0.11+	-0.07									
5 领导保守型价值观	3.88	0.57	0.14*	-0.01	0.04	-0.05								
6 领导自我提升价值观	4.20	0.46	0.17**	-0.05	0.03	0.41**	0.21**							
7 领导自我超越价值观	4.49	0.36	0.19**	0.09	0.12+	0.23**	0.16*	0.13*						
8 员工开放型价值观	3.53	0.55	0.01	-0.13*	-0.02	0.33**	-0.08	0.07	0.17**					
9 员工保守型价值观	3.91	0.66	0.06	-0.02	0.12*	-0.11+	0.02	-0.01	0.14*	0.04				
10 员工自我提升价值观	4.33	0.51	-0.02	0.03	0.14*	-0.05	0.02	-0.01	0.07	0.14*	0.39**			
11 员工自我超越价值观	4.15	0.54	0.10+	0.05	0.04	-0.08	-0.12*	-0.07	0.25**	0.21**	0.44**	0.35**		
12 工作满意度	3.56	0.65	0.03	-0.08	0.02	-0.02	-0.05	0.01	0.07	0.04	0.38**	0.04	0.29**	
13 组织公民行为	3.62	0.68	0.03	0.10+	0.04	0.03	-0.13*	-0.01	0.31**	0.12*	-0.18**	-0.07	0.07	-0.17**

注:N=289;** 表示 p<0.01,* 表示 p<0.05,+ 表示 p<0.10;双尾检验。

5.3 领导—下属开放型价值观匹配对员工满意度和组织公民行为的影响

在相关分析的基础上，本研究进行了多项式回归分析，领导—下属开放型价值观匹配与工作满意度和组织公民行为的回归分析结果见表5-3。

表5-3 领导—下属开放型价值观匹配对领导效能的影响

变量	工作满意度		组织公民行为	
	M1	M2	M3	M4
常数	3.61	3.59	3.40	3.28
年龄差异	0.00	0.00	0.00	0.00
性别差异	-0.11	-0.09	0.17^*	0.21^{**}
共事时间	0.00	0.00	0.00	0.00
领导开放型价值观（L）	-0.04	-0.28	0.00	0.87^{**}
下属开放型价值观（F）	0.04	0.43^{**}	0.17^*	0.37^*
L^2		0.21^+		-0.54^{**}
$L \times F$		-0.32^*		-0.05
F^2		-0.07		-0.23^*
R^2	0.01	0.04	0.03	0.18
ΔR^2		0.04^*		0.15^{**}

注：$N = 289$；** 表示 $p < 0.01$，* 表示 $p < 0.05$，+ 表示 $p < 0.10$。

从表5-3中可以看出，在领导—下属开放型工作价值观匹配与工作满意度的关系中，控制变量对工作满意度的影响不显著，将两个一阶项"领导开放型价值观"和"下属开放型价值观"放入模型后，模型的解释能力并不高，而加入三个二次项后，模型2（M2）比模型1（M1）在对结果变量的解释能力上有显著的增加，即 $\Delta R^2 = 0.04$ 在0.05或更高水平上显著，这表明三个二阶项的加入提高了工作价值观匹配对工作满意度的解释能力。在领导—下属开放型工作价值观匹配与组织公民行为的关系中，控制变量性别差异对结果变量影响显著，同样在加入三个二次项后，模型4（M4）比模型3（M3）在对结果变量的解释能力上有显著的增加，即 $\Delta R^2 = 0.15$ 在0.01或更高水平上显著。这是本研究各假设得到支持的前提。为验证假设，下面将进一步画出响应曲面并检验 $L = F/L = -F$ 两条目标线上的斜率和曲率的显著性。

5.3.1 开放型价值观匹配对员工工作满意度的影响

首先，根据表5-3的回归系数，写出领导—下属开放型工作价值观与工作满意度的回归方程，再将一致性曲线 L＝F 和不一致性曲线 L＝－F 代入回归方程中，可以得到在两个截面上方程的斜率和曲率（见表5-4）。其次，根据方程的系数，画出响应曲面图（见图5-1）。

表5-4　领导—下属开放型价值观匹配目标截面曲线斜率与曲率及其显著性

变量	L＝F		L＝－F	
	$b_1 + b_2$	$b_3 + b_4 + b_5$	$b_1 - b_2$	$b_3 - b_4 + b_5$
工作满意度	0.15	－0.18	－0.71*	0.46*
组织公民行为	1.24**	－0.82**	0.5+	－0.72**

注：** 表示 p＜0.01，* 表示 p＜0.05，+ 表示 p＜0.10。

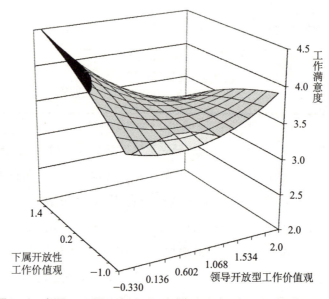

图5-1　领导—下属开放型工作价值观匹配与工作满意度曲面关系

假设1a预测当领导开放型工作价值观与下属开放型工作价值观匹配时，相对于领导与下属在低水平的匹配，当领导和下属同时处于高水平的价值观匹配时，员工的工作满意度更高。表5-4中显示斜率 $b_1 + b_2 =$ 0.15 和 $b_3 + b_4 + b_5 = －0.18$ 并不显著，因此假设1a未得到支持。假设1c

预测当领导的开放型价值观偏好低于下属偏好时,开放型价值观的差异程度与员工的工作满意度呈负相关;当领导的开放型价值观偏好高于下属时,开放型价值观的差异程度与员工工作满意度呈正相关。根据表 5 - 4 中显示曲率 $b_3 - b_4 + b_5 = 0.46$ 显著,这表明因变量随价值观强度的增加而呈现正 U 形的变化趋势,随着领导—下属开放型工作价值观差异的增加,下属的满意度是增加的。也就是说,当领导开放型价值观偏好由小到大向员工价值观偏好趋近时,员工的满意度逐渐降低。当领导价值观偏好沿不一致曲线超过下属价值观偏好时,下属的满意度逐渐增加。这表明假设 1c 得到部分验证。图 5 - 1 描绘了领导—下属开放型工作价值观对于下属工作满意度的影响,曲面在一致性 L = F 截面上,随着领导—下属一致性水平由低向高变化,下属的工作满意度表现出逐渐下降的趋势。曲面在不一致性 L = - F 截面上,当领导的开放型价值观低于下属的开放型价值观时,下属的工作满意度随价值观差异的减小而降低;当下属的开放型价值观低于领导的开放型价值观时,下属的工作满意度也随价值观差异的增加而增加。

5.3.2　开放型价值观匹配对员工组织公民行为的影响

首先,根据表 5 - 3 的回归系数,写出领导—下属开放型工作价值观与组织公民行为的回归方程,再将一致性曲线 L = F 和不一致性曲线 L = - F 代入回归方程中,得到在两个截面上方程的斜率和曲率(见表 5 - 4)。其次,根据方程的系数,画出响应曲面图 5 - 2。

假设 1b 预测当领导开放型工作价值观与下属开放型工作价值观匹配时,相对于领导与下属在低水平的匹配,当领导和下属同时处于高水平的价值观匹配时,员工的组织公民行为更高。根据表 5 - 4,曲率 $b_3 + b_4 + b_5 = -0.82$ 显著为负,说明一致性效应与结果变量的关系是开口向下的抛物线,即倒 U 形。斜率 $b_1 + b_2 = 1.24$ 显著为正,说明一致性效应与结果变量的倒 U 形关系显著,假设 1b 得到部分验证。假设 1d 预测当领导的开放型价值观偏好低于下属偏好时,开放型价值观的差异程度与

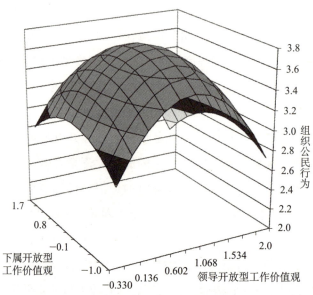

图 5 - 2 领导—下属开放型工作价值观匹配与组织公民行为曲面关系

员工的组织公民行为呈负相关，价值观差异越小，组织公民行为越高；当领导的开放型价值观偏好高于下属时，开放型价值观的差异程度与员工组织公民行为呈正相关，即价值观差异越大，组织公民行为越高。根据表 5 - 4 中显示，斜率 $b_1 - b_2 = 0.5$ 显著为正而曲率 $b_3 - b_4 + b_5 = -0.72$ 显著为负，表明不一致效应与结果变量的关系呈倒 U 形，且当领导开放型工作价值观高于下属开放型工作价值观时，组织公民行为可以取到极大值点。假设 1d 也得到部分验证。如图 5 - 2 所示，曲面在一致性 L＝F 截面上，随着领导—下属开放型价值观偏好从低水平匹配向高水平匹配变化，组织公民行为先逐渐递增，再逐渐递减，呈现倒 U 形关系。曲面在不一致性 L＝－F 截面上，当领导开放型价值观偏好低于下属时，下属的组织公民行为随价值观差异的减少而不断增加，当领导开放型价值观偏好高于下属偏好时，下属的组织公民行为随价值观差异的增加而不断减少，倒 U 形关系成立，且下属的组织公民行为的极大值在领导开放型价值观偏好高于下属偏好时取得。

5.4 领导—下属保守型价值观匹配对员工满意度和组织公民行为的影响

表 5-5 是领导—下属保守型价值观匹配与工作满意度和组织公民行为的回归分析结果，从该表可以看出，在领导—下属保守型工作价值观匹配与工作满意度的关系中，控制变量对工作满意度的影响不显著，将两个一阶项领导开放型价值观和下属开放型价值观放入模型后，模型的解释能力并不高，而加入三个二次项后，模型 2（M2）比模型 1（M1）在对结果变量的解释能力上有显著的增加，即 $\Delta R^2 = 0.03$ 在 0.05 或更高水平上显著，这表明三个二阶项的加入提高了工作价值观匹配对工作满意度的解释能力。在领导—下属保守型工作价值观匹配与组织公民行为的关系中，控制变量性别差异对结果变量影响显著，同样在加入三个二次项后，模型 4（M4）比模型 3（M3）在对结果变量的解释能力上有显著的增加，即 $\Delta R^2 = 0.05$ 在 0.01 或更高水平上显著。这是本研究各假设得到支持的前提。为验证假设，下面将进一步画出响应曲面并检验 L = F/L = −F 两条目标线上的斜率和曲率的显著性。

表 5-5　　　　领导—下属保守型价值观匹配对领导效能的影响

变量	工作满意度		组织公民行为	
	M1	M2	M3	M4
常数	3.34	3.36	3.80	3.81
年龄差异	0.00	0.00	0.00	0.01
性别差异	−0.10	−0.10	0.13 [+]	0.15 [*]
共事时间	0.00	0.00	0.00	0.00
领导开放型价值观（L）	−0.07	−0.07	−0.16 [*]	−0.59 [**]
下属开放型价值观（F）	0.38 [**]	0.08	−0.19 [**]	0.09
L^2		0.01		0.32 [**]
L × F		0.01		−0.09
F^2		0.19 [**]		−0.16 [*]
R^2	0.15	0.18	0.06	0.11
ΔR^2		0.03 [*]		0.05 [**]

注：N = 289；** 表示 $p < 0.01$，* 表示 $p < 0.05$，+ 表示 $p < 0.10$。

5.4.1 保守型价值观匹配对员工工作满意度的影响

首先,根据表 5 - 5 的回归系数,写出领导—下属保守型工作价值观与工作满意度的回归方程,再将一致性曲线 L = F 和不一致性曲线 L = - F 代入回归方程中,可以得到在两个截面上方程的斜率和曲率(见表 5 - 6)。其次,根据方程的系数,画出响应曲面图 5 - 3。

表 5 - 6 　领导—下属保守型价值观匹配目标截面曲线斜率与曲率及其显著性

变量	L = F		L = - F	
	$b_1 + b_2$	$b_3 + b_4 + b_5$	$b_1 - b_2$	$b_3 - b_4 + b_5$
工作满意度	0.01	0.21	- 0.15	0.19
组织公民行为	- 0.5 **	0.07	- 0.68 **	0.25

注: ** 表示 p < 0.01。

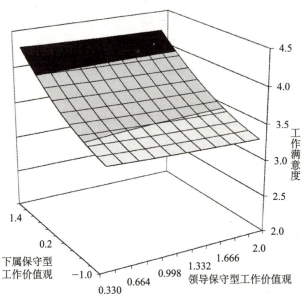

图 5 - 3 　领导—下属保守型工作价值观匹配与工作满意度曲面关系

假设 2a 预测当领导保守型工作价值观与下属保守型工作价值观匹配时,相对于领导与下属在低水平的匹配,当领导和下属同时处于高水平的价值观匹配时,员工的工作满意度更高。根据表 5 - 6 显示,斜率 $b_1 + b_2 = 0.01$ 和 $b_3 + b_4 + b_5 = 0.21$ 并不显著,因此假设 2a 未得到支持。假设

2c 预测领导与下属在保守型价值观的差异程度与员工的工作满意感呈负相关，即倒 U 形，表现为当领导保守型价值观偏好低于下属偏好时，随着价值观差异的减少，员工的工作满意度增加；当领导保守型价值观偏好高于下属偏好时，随着价值观差异的增大，员工的工作满意度降低。根据表 5 - 6，斜率 $b_1 - b_2 = -0.15$ 和曲率 $b_3 - b_4 + b_5 = -0.19$ 均不显著，假设 2c 也未得到验证。图 5 - 3 反映了三者之间的关系，可以看出，曲面在一致性 L = F 截面上，随着领导—下属保守型价值观偏好从低水平匹配向高水平匹配变化，工作满意度呈递增趋势；曲面在不一致性 L = -F 截面上，领导—下属保守型价值观差异与工作满意度呈现单调减的趋势。

5.4.2　保守型价值观匹配对员工组织公民行为的影响

首先，根据表 5 - 5 的回归系数，写出领导—下属保守型工作价值观与组织公民行为的回归方程，再将一致性曲线 L = F 和不一致性曲线 L = -F 代入回归方程中，得到在两个截面上方程的斜率和曲率（见表 5 - 6）。其次，根据方程的系数，画出响应曲面图 5 - 4。

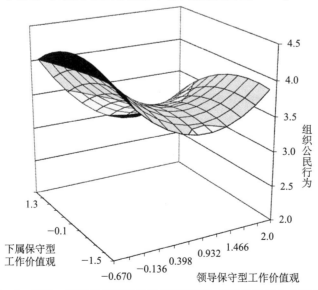

图 5 - 4　领导—下属保守型工作价值观匹配与组织公民行为曲面关系

假设 2b 预测当领导保守型工作价值观的偏好与下属保守型工作价值观偏好匹配时，相对于领导与下属在高水平的匹配，当领导和下属同时处于低水平的价值观匹配时，员工的工作满意度更高。根据表 5-6 所示，斜率 $b_1 + b_2 = -0.5$ 显著为负，且曲率 $b_3 + b_4 + b_5 = 0.07$ 不显著，表明领导—下属保守型价值观一致性与组织公民行为呈负相关关系，即相对于领导与下属保守型工作价值观偏好同时很高的情况，二者同低时下属的组织公民行为更高，因此假设 2b 得到支持。假设 2d 预测领导与下属在保守型价值观的差异程度与员工的组织公民行为呈现倒 U 形的关系。根据表 5-6，斜率 $b_1 - b_2 = -0.68$ 显著为负，表明随着领导保守型价值观偏好由低到高向员工价值观偏好靠近时，下属的组织公民行为逐渐降低，而曲率 $b_3 - b_4 + b_5 = 0.25$ 不显著，说明领导价值观经过点（L = 0，F = 0）高于下属价值观偏好后，组织公民行为持续降低，因此，假设 2d 得到部分支持。领导保守型价值观偏好、下属保守型价值观偏好和组织公民行为的关系如图 5-4 所示，方程曲面在一致性 L = F 截面上，领导—下属保守型价值观在低水平匹配时，组织公民行为更高。方程曲面在不一致性 L = -F 截面上，当下属保守型价值观偏好高于领导偏好时，组织公民行为随着价值观差异的减小而不断增加，当领导保守型价值观偏好高于下属偏好时，组织公民行为随着价值观差异的增加进一步降低。

5.5 领导—下属自我超越价值观匹配对员工满意度和组织公民行为的影响

表 5-7　　领导—下属自我超越价值观匹配对领导效能的影响

变量	工作满意度		组织公民行为	
	M1	M2	M3	M4
常数	3.21	1.64	2.72	4.89
年龄差异	0.00	0.00	0.00	0.00
性别差异	-0.13[+]	-0.12	0.10	0.10
共事时间	0.00	0.00	0.00	0.00
领导开放型价值观（L）	0.00	2.40[**]	0.58[**]	-2.56[**]
下属开放型价值观（F）	0.36[**]	0.07	-0.01	0.02

续表

变量	工作满意度		组织公民行为	
	M1	M2	M3	M4
L^2		− 0.74 *		0.95 **
$L \times F$		− 0.14		0.27
F^2		0.21 +		− 0.16
R^2	0.10	0.13	0.10	0.16
ΔR^2		0.03 *		0.06 **

注：$N = 289$；** 表示 $p < 0.01$，* 表示 $p < 0.05$，+ 表示 $p < 0.10$。

　　表 5 – 7 是领导—下属自我超越价值观匹配与工作满意度和组织公民行为的回归分析结果，从该表可以看出，在领导—下属自我超越价值观匹配与工作满意度的关系中，控制变量对工作满意度的影响不显著，将两个一阶项领导开放型价值观和下属开放型价值观放入模型后，模型的解释能力并不高，而加入三个二次项后，模型 2（M2）比模型 1（M1）在对结果变量的解释能力上有显著的增加，即 $\Delta R^2 = 0.03$ 在 0.05 或更高水平上显著，这表明三个二阶项的加入提高了工作价值观匹配对工作满意度的解释能力。在领导—下属自我超越价值观匹配与组织公民行为的关系中，控制变量性别差异对结果变量影响显著，同样在加入三个二次项后，模型 4（M4）比模型 3（M3）在对结果变量的解释能力上有显著的增加，即 $\Delta R^2 = 0.06$ 在 0.01 或更高水平上显著。这是本研究各假设得到支持的前提。为验证假设，下面将进一步画出响应曲面并检验 $L = F$／$L = -F$ 两条目标线上的斜率和曲率的显著性。

5.5.1　自我超越价值观匹配对员工工作满意度的影响

　　首先，根据表 5 – 7 的回归系数，写出领导—下属自我超越工作价值观与工作满意度的回归方程，再将一致性曲线 $L = F$ 和不一致性曲线 $L = -F$ 代入回归方程中，可以得到在两个截面上方程的斜率和曲率（见表 5 – 8）。其次，根据方程的系数，画出响应曲面图 5 – 5。

表 5 - 8　　领导—下属自我超越价值观匹配目标截面曲线斜率与曲率及其显著性

变量	L = F		L = - F	
	$b_1 + b_2$	$b_3 + b_4 + b_5$	$b_1 - b_2$	$b_3 - b_4 + b_5$
工作满意度	2.47 **	- 0.67 **	2.33 *	- 0.39
组织公民行为	- 2.54 **	1.06 **	- 2.58 **	0.52

注：** 表示 $p < 0.01$，* 表示 $p < 0.05$。

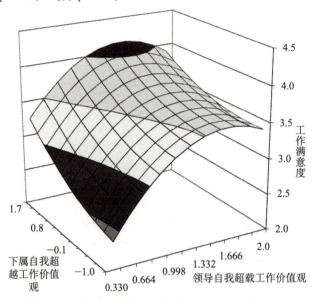

图 5 - 5　　领导—下属自我超越工作价值观匹配与工作满意度曲面关系

假设 3a 预测当领导自我超越工作价值观与下属自我超越工作价值观匹配时，相对于领导与下属在低水平的匹配，当领导和下属同时处于高水平的价值观匹配时，员工的工作满意度更高。根据表 5 - 8，曲率 $b_3 + b_4 + b_5 = - 0.67$ 显著为负，说明一致性效应与结果变量的关系是开口向下的抛物线，即倒 U 形。斜率 $b_1 + b_2 = 2.47$ 显著为正，说明一致性效应与结果变量的倒 U 形关系显著。经计算该倒 U 形曲线的固定点（stationary point）在 $L_0 = 1.59$，$F_0 = 0.36$ 处取得，即在本研究变量取值范围内，故假设 3a 得到部分验证。假设 3c 预测当领导自我超越价值观偏好低于下属偏好时，下属的工作满意度与价值观差异程度呈负相关关系；当领导自我超越价值观偏好超过下属偏好时，下属的工作满意度与价值观差程度呈正相关。根据表 5 - 8，斜率 $b_1 - b_2 = 2.33$ 显著为正，表明在价值观不一致的情况下，随着领导自我超越工作价值观匹配偏好从低到高趋近于下属价值观偏好时，下属的工作满意度不断提高，而 $b_3 - b_4 + b_5 =$

–0.39不显著，说明领导价值观经过点（0，0）超过个人价值观偏好时，下属的工作满意度持续增加，因此假设 3c 得到验证。

领导自我超越工作价值观偏好、下属自我超越工作价值观偏好、下属工作满意度的关系如图 5 – 5 所示。方程曲面在一致性 L = F 截面上，在一定范围内，领导—下属自我超越价值观从低水平匹配向高水平匹配变化时，满意度水平增加。方程曲面在不一致性 L = –F 截面上，当下属自我超越价值观偏好高于领导偏好时，工作满意度随价值观差异的减小而不断增加，当领导自我超越价值观偏好高于下属偏好时，工作满意度随着价值观差异的增加而持续增加。

5.5.2 自我超越价值观匹配对员工组织公民行为的影响

首先，根据表 5 – 7 的回归系数，写出领导—下属自我超越工作价值观与组织公民行为的回归方程，再将一致性曲线 L = F 和不一致性曲线 L = –F 代入回归方程中，可以得到在两个截面上方程的斜率和曲率（见表 5 – 8）。其次，根据方程的系数，画出响应曲面图 5 – 6。

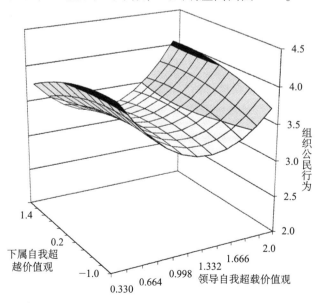

图 5 – 6　领导—下属自我超越工作价值观匹配与组织公民行为曲面关系

假设 3b 预测当领导自我超越工作价值观与下属自我超越工作价值观匹配时，相对于领导与下属在低水平的匹配，当领导和下属同时处于高水平的价值观匹配时，员工的组织公民行为更高。根据表 5 - 8，曲率 $b_3 + b_4 + b_5 = 1.06$ 显著为正，说明一致性效应与结果变量的关系是开口向上的抛物线，即正 U 形。斜率 $b_1 + b_2 = 2.47$ 显著为正，说明一致性效应与结果变量的正 U 形关系显著。经计算该正 U 形曲线的固定点在 $L_0 = 1.20$，$F_0 = 0.96$ 处取得，即在本研究变量取值范围内，故假设 3b 得到部分验证。假设 3d 预测当领导自我超越价值观偏好低于下属偏好时，下属的组织公民行为与价值观差异程度呈负相关关系；当领导自我超越价值观偏好超过下属偏好时，下属的组织公民行为与价值观差程度呈正相关。根据表 5 - 8，斜率 $b_1 - b_2 = -2.58$ 显著为正，表明在价值观不一致的情况下，随着领导自我超越工作价值观匹配偏好从低到高趋近于下属价值观偏好时，下属的组织公民行为不断降低，而 $b_3 - b_4 + b_5 = 0.53$ 不显著，说明领导价值观经过点（0，0）超过个人价值观偏好时，下属的组织公民行为持续降低，因此假设 3d 未得到验证。

领导自我超越工作价值观偏好、下属自我超越工作价值观偏好、下属组织公民行为的关系如图 5 - 6 所示。方程曲面在一致性 L = F 截面上，在双方都处于较高水平范围内，领导—下属自我超越价值观从低水平匹配向高水平匹配变化时，组织公民行为增加。方程曲面在不一致性 L = - F 截面上，当下属自我超越价值观偏好高于领导偏好时，组织公民行为随价值观差异的减小而不断降低，当领导自我超越价值观偏好高于下属偏好时，组织公民行为随着价值观差异的增加而持续降低。

5.6 领导—下属自我提升价值观匹配对员工满意度和组织公民行为的影响

表 5 - 9 是领导—下属自我提升价值观匹配与工作满意度和组织公民行为的回归分析结果，从该表可以看出，在领导—下属自我提升工作价

值观匹配与工作满意度的关系中，控制变量对工作满意度的影响不显著，将两个一阶项领导开放型价值观和下属开放型价值观放入模型后，模型的解释能力并不高，而加入三个二次项后，模型 2（M2）比模型 1（M1）在对结果变量的解释能力上没有显著的增加，即 $\Delta R^2 = 0.00$，这表明三个二阶项的加入没有改变工作价值观匹配对工作满意度的解释能力。在领导——下属自我提升价值观匹配与组织公民行为的关系中，控制变量性别差异对结果变量影响显著，同样在加入三个二次项后，模型 4（M4）比模型 3（M3）在对结果变量的解释能力上没有显著的增加，即 $\Delta R^2 = 0.02$ 并不显著。根据回归结果，假设 4a ～ 假设 4d 都没有得到验证。

表 5 – 9　　　　　领导——下属保守型价值观匹配对领导效能的影响

变量	工作满意度		组织公民行为	
	M1	M2	M3	M4
常数	3.53	3.23	3.66	3.72
年龄差异	0.00	0.00	0.00	0.00
性别差异	−0.11	−0.10	0.14 +	0.14 +
共事时间	0.00	0.00	0.00	0.00
领导开放型价值观（L）	0.00	0.33	−0.01	−0.40
下属开放型价值观（F）	0.05	0.22	−0.11	−0.01
L^2		−0.04		0.26 *
$L \times F$		−0.18		−0.16
F^2		0.02		0.04
R^2	0.01	0.01	0.02	0.04
ΔR^2		0.00		0.02

注：N = 289；＊表示 p < 0.05，＋表示 p < 0.10。

第 *6* 章　讨论与结论

要点：

- 研究结果讨论。
- 研究的理论贡献。
- 研究的实践意义。
- 研究不足与未来研究方向。

6.1 结果讨论

自 20 世纪 20~30 年代人际关系学说兴起以来，人与环境的互动关系就成为组织管理研究领域重要的话题。20 世纪 90 年代，人与环境匹配的概念正式被学术界认可。从人—职业匹配、人—工作匹配到人—组织匹配、人—人匹配的研究，学者们对人与环境匹配的各种表现形式、影响因素、影响效果和作用机制的认识不断深入，其结论也不断被用于组织的管理实践。由于人—环境匹配的复杂性，在过去 30 年中，学者们在人与情境匹配的研究中取得较大进展，而人与人的匹配却收获甚寥。人—人关系，尤其是领导—下属关系，作为组织中各种关系的重要形式之一，其质量高低对于领导效能的发挥、个体和组织绩效的改进、员工态度的提升甚至组织的长远发展，都有密切而重大的影响。那么，领导—下属匹配有何表现？工作价值观作为个体最基本的工作动机，领导—下属价值观匹配对个体态度和行为存在哪些影响？既对立又统一的各价值观基本维度在领导—下属之间有何种关系？借助匹配理论和多项式回归、曲面分析的方法，本研究探讨领导—下属工作价值观对下属工作满意度和组织公民行为的影响效果，下面分别对此进行讨论。

6.1.1 领导—下属工作价值观匹配对员工态度和行为的整体影响

本研究采用凯布尔和爱德华兹（2004）基于施瓦茨（1992）提出的四维度基本价值观进行修订的工作价值观量表，运用多项式回归的方法，分别探讨了领导—下属在具体价值观维度上的匹配对工作满意度和组织公民行为的影响。在这 8 组关系中，研究发现了不同的影响效果。下面分别对领导—下属匹配的一致性效应和不一致效应的假设验证结果分别进行说明，随后具体进行讨论。

第一，多项式回归结果显示，领导—下属开放型价值观匹配、领导—下属保守型价值观匹配、领导—下属自我超越价值观匹配与员工满意度和组织公民行为之间都存在显著的匹配效应，即领导与下属在这些价值观维度上的相似或不相似对下属的态度和行为能够造成影响。换句话说，客观匹配的影响是通过认知过程发挥作用的（French，Caplan & Harrison，1982），当下属感知到领导与其有共同特点时，下属会预测领导的态度和行为，从而调整自己的行为（Edwards，Cable，Williamson，Lambert & Shipp，2006）。只要存在客观上的匹配，下属的态度和行为就会受到影响。

领导—下属自我提升价值观匹配与员工满意度和组织公民行为之间的关系并不显著，可能的原因在于该维度价值观一致的样本数量太少。以"均值±一个标准差"为范围对照领导与下属在不同维度价值观的分值（Fleenor et al.，1996），发现自我提升价值观得分一致的样本仅为 37 个，占全部样本的12.8%，达不到多项式回归的样本要求（Judge，2007）。

第二，在匹配的一致性效应上，仅有领导—下属自我超越价值观匹配与工作满意度之间产生了"匹配即最优"的现象，也就是说，此时领导与下属自我超越价值观偏好相一致时，下属对工作的满意度较高，任何偏离了一致性的领导—下属组合都不利于提高下属的工作满意度[①]。

而在领导—下属保守型价值观匹配与组织公民行为的关系中，出现了"低高高低"的一致性效应，即当领导与下属对保守型价值观的偏好同时较低时，下属表现出高水平的组织公民行为，随着二者偏好的同时增加，领导与下属对该价值观的偏好处于高水平匹配时，下属的组织公民行为反而降低。

在领导—下属开放型价值观匹配与组织公民行为的关系、领导—下属自我超越价值观匹配与组织公民行为的关系上，研究结果仅部分支持了一致性效应的假设。即前者关系中，当领导开放型价值观偏好低于下

---

① 由表5－8和图5－5可以判断，在一致性截面上，领导—下属自我超越价值观与工作满意度曲面的截线在末端呈现出降低的趋势，本研究将此现象解释为样本量的限制，具体讨论见6.1.4。

属偏好时，随着二者偏好水平的接近，下属组织公民行为呈显著增加的趋势；后者关系中，当领导开放型价值观偏好高于下属偏好时，随着二者偏好水平差异的增加，下属的组织公民行为呈显著增加的趋势。

在其他四组关系中——领导—下属开放型价值观匹配与工作满意度、领导—下属保守型价值观匹配与工作满意度、领导—下属自我提升型价值观匹配与工作满意度、领导—下属自我提升型价值观匹配与组织公民行为——数据分析结果不显著，本研究结果并未支持一致性效应的假设。

第三，在匹配的不一致性效应上，仅有领导—下属自我超越型价值观匹配与工作满意度的关系上，数据完全支持了研究假设，表现为，当领导自我超越价值观偏好低于下属偏好时，下属的工作满意度较低，随着领导对该价值观的偏好逐渐增加至与下属偏好相一致，再进一步超过下属偏好这一过程中，下属的工作满意度呈递增趋势。

在领导—下属开放型价值观匹配与工作满意度的关系、领导—下属开放型价值观匹配与组织公民行为的关系、领导—下属保守型价值观匹配与组织公民行为的关系上，研究结果仅部分支持了不一致效应的假设。对于领导—下属保守型价值观匹配与工作满意度的关系、领导—下属保守型价值观匹配与组织公民行为的关系，数据结果支持了当领导价值观偏好高于下属偏好时结果变量的变化趋势，不同之处在于，前者关系中，工作满意度随着领导—下属价值观偏好差异的增加而增加，后者关系中，组织公民行为随着领导—下属价值观偏好差异的增加而减少。领导—下属开放型价值观匹配与组织公民行为的关系中，数据结果支持了当领导价值观偏好低于下属偏好时结果变量的变化趋势，表现为，组织公民行为随着领导—下属价值观偏好差异的减小而增加。

在领导—下属自我超越型价值观匹配与组织公民行为的关系上，研究结果反而呈现出相反的关系，即当领导自我超越价值观偏好低于下属偏好时，下属表现出较高水平的组织公民行为，随着领导对该价值观的偏好逐渐增加至与下属偏好相一致，再进一步超过下属偏好这一过程中，下属的组织公民行为呈显著递减趋势。

在其他三组关系中——领导—下属保守型价值观匹配与工作满意度、

领导—下属自我提升型价值观匹配与工作满意度、领导—下属自我提升型价值观匹配与组织公民行为——数据分析结果不显著，本研究结果不支持不一致性效应的假设。

以下将针对结果变量，逐一分析不同价值观维度上领导—下属匹配的影响效果。

6.1.2 领导—下属工作价值观匹配对员工工作满意度的影响

当领导—下属处于对偶关系中，二者在各自的行为动机指导下，可能表现出不同的态度和行为，并对对方的态度和行为产生影响。因此，在对偶关系中，二者的行为动机可能表现为一致，也可能不一致；即使二者一致，也因为权力、资源分配等方面的情境因素，导致不同的态度和行为。

员工工作满意度与领导—下属工作价值观匹配的关系并未显著表现为"匹配即最优"的特点。在一致性效应上（即 L = F 时），只有领导—下属自我超越价值观匹配与员工满意度的关系显著，其余三个维度的价值观一致性效应对满意度的影响并不显著。自我超越价值观是一个以他人利益为中心的价值观维度，个体在自我超越价值观动机的指导下，会主动帮助他人、维护团队利益，并从中得到满足感（Schwartz，1994）。当领导与下属在该偏好上一致时，二者的行为动机和判断标准一致，双方对互动关系和绩效评价预期相似，因此下属的满意度较高。同时，随着二者在该价值观偏好的同时增加，根据相似吸引理论，彼此对对方的欣赏、喜爱和认可等正面感情，又会促进满意感的提高。张政等（2012）指出，当双方充分理解了彼此的行为期望，即使没有持续的监督和激励管理，他们也能以一种符合彼此偏好的方式采取行动。因此，这一关系支持了"匹配即最优"的特点。值得注意的是，在唯一显著的这一对关系中，当领导和下属对自我超越价值观偏好同时高于 1.59 时[①]，下属的

---

① 数据在分析时已经进行基于量表的中心化处理，该变量最值范围为 [-2, 2]。

工作满意度表现出降低的趋势。尽管这一部分样本量仅为 15 个，但方程曲面与一致性截面（L = F 截面）的截线斜率和曲率都显著，这意味着，一致性效应的反向作用仍不能排除。

同时，领导—下属开放型价值观匹配、领导—下属保守型价值观匹配、领导—下属自我提升价值观匹配的一致性效应与工作满意度的关系都不显著。这意味着，在匹配效应显著存在的情况下，本研究并未进一步发现领导—下属匹配对个体态度造成影响的表现方式。

在不一致效应上（即 L = − F 时），数据结果支持了领导—下属自我超越价值观匹配与员工满意度的假设关系，即当领导在自我超越价值观维度上的偏好低于下属时，领导以自我为导向的价值观偏好并不十分认可下属的利他行为，下属的这种动机无法得到满足，从而产生较高的负面感情，工作满意度较低。随着领导在该价值观维度上的偏好逐渐增加，领导对下属的行为产生更多的认同、赞赏，下属的工作满意度会逐渐提高。当领导在该维度的偏好超越下属时，领导对下属和组织表现出较高的利他行为，员工感受到这种来自领导的支持和关怀，会形成正面情绪，从而产生更高的满意感。数据结果还部分支持了领导—下属开放型价值观与工作满意度的关系。研究结果显示，当领导开放型价值观偏好高于下属偏好时，随着二者价值观偏好差异的增加，下属的工作满意度显著提高。这两组关系同时证明了在下属工作价值观与员工态度和结果关系中，领导发挥了重要角色。领导控制着工作相关的资源，并对下属的绩效进行评价，他们在激励下属的工作投入和工作结果方面扮演着至关重要的角色（Zhang et al. , 2012）。已有关于个体人格影响效果的研究表明，在下属人格对其工作态度和工作结果的作用关系中，领导的人格特征发挥了重要作用（Kamdar & Van Dyne，2007）。类似地，在领导—下属对偶关系中，领导的价值观对于下属价值观与工作态度和结果的关系也有显著影响。沙因（2004）也曾指出，领导者通过其价值观和行为确实能够影响下属对环境的感知，进而影响下属的态度和行为。本研究通过整合领导—下属匹配研究与工作价值观研究，验证了这一推断。

数据结果还显示，当领导的开放型价值观偏好低于下属偏好时，随着二者价值观偏好差异的减小，下属工作满意度并非递增，而是表现出递减趋势。

此外，领导—下属保守型价值观匹配、领导—下属自我提升价值观匹配的不一致性效应与工作满意度的关系都不显著。

研究数据未证明研究假设的原因主要包括：第一，在就业困难的劳动力市场环境下，"先就业再择业"的观点成为主导。在面对就业压力时，"先生存再发展"的原则影响了青年人的择业选择，在这种观念下，工作价值观与组织或团队领导的一致性便退居次要位置。因此，劳动者在判断个人满意度时并不会更多地考虑价值观问题。第二，企业招聘时，相对于价值观匹配，个人技能与岗位需求的匹配更为重要。是否具有完成工作任务的技能是衡量一个应聘者水平的首要标准，也是企业招聘工作中更易判断的参照标准。而下属与领导是否相似或互补难以直接判断，在招聘工作中往往被忽视。因此，团队领导在评价下属态度和行为时较少考虑价值观的影响。第三，本研究所使用的数据样本中，匹配/不匹配的数据比例不够均匀。正如前文所说，此类研究中 $F = L/F > L/F < L$ 三种类型的数据量基本相同为佳。而本研究中，绝大多数样本是不匹配样本，因此数据结果并不理想。

6.1.3 领导—下属工作价值观匹配对员工组织公民行为的影响

一般认为，个体从事组织公民行为是基于社会交换，组织给个体提供了相对较好的工作环境和待遇，而下属以职责外的、有益于组织的行为作为回报（如 Moorman，1991）。也有研究认为，除了交换关系的影响，组织公民行为也存在个体差异。在绩效激励和组织期望都比较低的"弱"环境中，个体特质就成为影响组织公民行为的显著因素了（Konovsky & Organ，1996）。学者基于"功能型行为"的视角验证了个人的价值观，或者由此产生的动机，可以促进个体表现组织公民行为（Rioux & Penner，2001）。人—环境匹配是价值观影响行为的重要情境因素（Latham & Pinder，2005），领导—下属关系作为下属工作中的重要关系，二者的匹配能够显著影响下属行为动机。本研究进一步证明了这一结论。

研究结果显示，领导—下属匹配与组织公民行为之间也未显著表现为"匹配即最优"的特点。在一致性效应上（即 L＝F 时），数据结果部分支持了领导—下属开放型价值观匹配、领导—下属自我超越价值观匹配与组织公民行为之间的关系。在领导—下属开放型价值观匹配与组织公民行为的关系中，当领导与下属同时为低开放型价值观偏好匹配时，组织公民行为显著提高；在领导—下属自我超越价值观匹配与组织公民行为的关系中，当领导与下属同时为高自我超越价值观偏好匹配时，组织公民行为显著提高。

领导—下属保守型价值观匹配与组织公民行为的关系中，数据结果显著支持了假设，即随着二者从低保守型价值观匹配逐渐升高至高保守型价值观匹配的过程，个体的组织公民行为表现出下降的趋势。这与保守型价值观本身的行动动机密切相关。

在不一致效应上（即 L＝－F 时），数据结果部分支持了领导—下属开放型价值观匹配、领导—下属保守型价值观匹配与组织公民行为的关系。在领导—下属开放型价值观匹配与组织公民行为的关系中，当领导开放型价值观偏好低于下属时，随着二者价值观偏好差异的减小，下属的组织公民行为显著提高；在领导—下属保守型价值观匹配与组织公民行为的关系中，当领导保守型价值观偏好高于下属时，随着二者价值观偏好差异的增加，下属的组织公民行为显著降低。

在领导—下属自我超越价值观匹配与组织公民行为关系中，数据并未支持假设，反而显著支持了相反的观点。本研究假设，当领导自我超越价值观偏好低于下属时，随着二者价值观偏好差异的减小，下属组织公民行为递增；当领导自我超越价值观偏好高于下属时，随二者价值观偏好差异的增加，下属组织公民行为进一步递增。而研究结果显示，当领导自我超越价值观偏好低于下属时，随着二者价值观偏好差异的减小，下属组织公民行为递减；当领导自我超越价值观偏好高于下属时，随二者价值观偏好差异的增加，下属组织公民行为进一步递减。这意味着，领导的高利他行为并没有激励和引导下属从事高水平的组织公民行为，反而负向影响了下属的动机，降低了组织公民行为。

此外，领导—下属自我提升价值观匹配与组织公民行为的关系仍然不显著，原因仍与前述分析相似，包括劳动者的就业观念、领导的评价标准、样本的匹配/不匹配分布。

6.2　理论启示

响应人与环境匹配理论研究者（Kristof，1996；Kristof-Brown et al.，2005）和匹配方法创新研究者爱德华兹（1993，2002）的呼吁，本研究采用多项式回归和曲面分析的方法，探讨了领导与下属工作价值观匹配与工作满意度、组织公民行为在不同价值观维度上的关系。本研究对人—环境匹配、领导—下属匹配、工作价值观等理论的扩展都有重要启示。

6.2.1　对人—环境匹配研究的启示

由于人—环境匹配研究的多样性，近年来，一些学者试图从理论的角度整合多种类型的匹配研究（如 Cable & Edwards，2004；Edwards，2008）或采用统计的方法检验各种类型匹配对个体行为和态度结果的影响（Kristof-Brown et al.，2002）。他们认为不同类型的匹配是可以相互补充的，即一种类型的匹配（如人—组织匹配）缓冲另一种类型的不匹配（如人—工作不匹配）造成的负面影响（Jansen & Kristof-Brown，2006）。然而，这些研究均反映，不同类型匹配的研究数量存在显著差异，人—职业匹配、人—工作匹配、人—组织匹配的研究数量远远多于人—人匹配，因此难以准确得到相应结论。人—人匹配研究数量上的相对匮乏，不利于揭示相关关系与作用机理。而本研究通过对领导—下属工作价值观匹配与下属工作满意度和组织公民行为关系的分析，丰富了人—环境匹配研究中人—人匹配的数量，揭示了领导—下属匹配对下属态度和行为的影响方式，为进一步的理论整合提供研究基础。

此外，本研究关于领导—下属工作价值观匹配对下属态度和行为的影响挑战了"匹配最即优"的经典假设。实际上，并非所有的匹配都是最优的，并非所有的不匹配都是负面的。本研究揭示了在匹配研究中，区分匹配双方一致性和不一致性两种情况，以及高一致性/低一致性和此高彼低/此低彼高四个方向的必要性。这一观点在其他采用多项式回归分析匹配问题的研究中也得到证明，如曲庆和高昂（2013）、张政等（2012）。在理论层面上对匹配有效性的研究做出了贡献。

6.2.2 对领导—下属匹配研究的启示

首先，本研究进一步证明了领导—下属匹配对下属态度和行为存在显著的影响。已有研究发现，无论是哪种内容的匹配，领导—下属相似性对个体态度和行为都存在显著的影响，如张政等（2012）验证了领导—下属主动性人格匹配对个体工作满意度、情感承诺和工作绩效的影响，克里什托夫-布朗等（2005）元分析指出领导—下属匹配对满意度、组织承诺等有显著正向影响。本研究从工作价值观匹配的角度论证了这一关系。然而，已有研究也发现，领导—下属匹配与个体态度的关系并非如此。奥斯特罗夫等（2005）同时对比了领导—下属价值观匹配与个人—组织价值观匹配对工作满意度、情感承诺、离职意向的影响，结果发现领导—下属价值观匹配对下属态度的影响远不及个人—组织价值观匹配的作用。万维安（2000）也同样得到该结论。究其原因，以往研究将领导—下属匹配当作一个整体变量进行探讨，不仅在价值观维度的区分上，而且在研究方法的使用上，都存在局限性。本研究对领导—下属匹配影响效果的探讨有一定的启示。

其次，本研究采用了多项式回归和曲面分析的方法，探讨了领导—下属匹配的影响效果，这在研究方法上也具有一定的创新性。以往关于匹配的研究通常采用计算二者差值的方式，得到一个唯一匹配值，再探讨匹配与其他因素的关系。实际上，不论采用何种差值的方式，都存在概念模糊、信息缺失、约束条件过于严格等不足。爱德华兹（1994；2002；with Parry，1993）详细介绍了多项式回归和曲面分析的方法，认为该方法可以弥补现有匹配研究方法的不足。该研究方法基本原理是，基于领导、下属不同的价值观评分，计算三个二次项，通过判断代表匹配效应的三个二次项的加入，回归方程对结果变量的解释能力是否有显著提高，从而判断匹配效应是否对结果变量存在显著影响。若存在显著的匹配效应，进一步通过响应曲面图中方程曲面的形状以及曲面图上一致性/不一致截面上方程曲面的斜率和曲率显著程度，来判断匹配效应的不同表现形式，包括一致性截线上领导、下属高水平/低水平匹配的效应、不一致性截线上领导、下属一高一低的不匹配效应。本研究发现，由于不同主体对价值观偏好的不同，以及价值观指导个体行为的动机强弱不同，领导—下属工作价值观匹配存在多种效应。这与曲庆和高昂（2013）、张政等（2012）、科尔等（2013）采用该方法探讨个人—组织价值观匹配、领导—下属主动性人格匹配、领导—团队权力距离价值观匹配等具有相同的判断。因此，本研究进一步证明了该方法在探讨匹配问题时的有效性，未来研究可以尝试采用此方法探讨匹配的新问题以及验证存有争议的老问题。

最后，本研究考察了领导—下属工作价值观匹配与组织公民行为的关系，丰富了领导—下属匹配的影响效果研究。在影响效果方面，本研究除采用下属工作满意度这一常见匹配研究结果变量外，还采用了下属组织公民行为作为衡量员工工作场所行为的依据，拓展了匹配理论的研究。以往研究多探讨匹配与员工态度的关系，并发现多种类型的匹配均对员工满意度有显著的影响（Edwards，2008；Hoffman & Woehr，2006；Kristof-Brown，2005；Kristof，1996）。本研究也发现了相似的结论，即整体来看，领导—下属工作价值观匹配与工作满意度呈显著的相关关系。在个体行为方面，本研究采用了组织公民行为作为结果变量。一方面，组织公民行为对于促进个体绩效、组织效率和效能的提高有显著影响（Ryan，2002），从广义上理解，这是团队中领导效能的一个重要体现；

另一方面，组织公民行为是一种自发的行为，不受组织规章和岗位职责的约束，更大程度上受到个人内在动机的支配。因此，某些工作价值观（如自我超越）偏好较高的个体将表现出更高水平的组织公民行为，另一些相反的工作价值观（如自我提升）偏好较高的个体可能表现出较低水平的组织公民行为。基于此思路，本研究在拓宽了领导—下属匹配研究影响效果的同时，也对后续相关研究具有一定的启示作用。

6.2.3　对工作价值观研究的启示

首先，本研究将领导—下属匹配的研究框架整合到工作价值观研究中，揭示了领导工作价值观在下属工作价值观对下属工作态度和行为结果的影响过程中发挥的显著作用。价值观是个体内心的一种关于自己渴望达成的、超越情境的行为的信念，价值观是个体选择和评价相应态度和行为的标准（Schwartz & Bilsky，1987）。因此价值观是一种需求，也是一种行为动机。由于情境因素会缓冲甚至限制个体在组织中的行为（Pinder，1998），因此个体需求被满足、价值观被履行的程度也会受到情境因素的影响。人—环境匹配作为一种新的、影响较为重要的情境因素（Latham & Pinder，2005），引起了许多学者的注意（Ashkanasy & O'Connor，1997；Meglino et al.，1989；Ostroff et al.，2005）。本研究同样引入这一情境因素，并将匹配框架具体为领导—下属关系中，更明确、详细地探讨了个体工作价值观对态度和行为影响的作用机制，这对未来工作价值观作用效果的研究也是重要启示。

其次，本研究从价值观四个维度上具体探讨了匹配对个体态度和行为的影响，发现领导—下属工作价值观匹配的效应与价值观的具体内涵相关。以往研究强调应对比探讨不同类型的匹配对于个体态度和行为结果的影响，从而发现特定类型匹配对特定结果的作用效果（Cable & Edwards，2004；Kristof，1996）。也有研究探讨过不同匹配内容的影响效果，如目标一致性、价值观一致性、人格一致性（如 Deluga，1998；Schaubroeck & Lam，2002；Witt，1998）。然而，具体探讨不同价值观维度匹配的影响结果的研究寥寥无几。由于价值观本身具有正负性（Hitlin & Pilia-vin, 2004），如基于施瓦茨（1992, 2000）的四维度工作价值观体系由两组相对的价值观维度构成，即开放—保守，自我超越—自我提升，简单地将价值观计算为一个变量，不仅难以判断个体价值观偏好的复杂性，而且会中和个体偏好的特殊性。尽管已有研究建议"从不同文化背景下探讨价值观不同维度的作用和效果"（Ashkanasy & O'Connor, 1997），然而从这一思路出发的研究仍然较少。本研究探讨了领导—下属工作价值观在四个维度上对具体结果的影响方式，包括一致/不一致方向上的匹配以及对结果变量的影响程度，研究结果发现领导—下属在不同维度价值观的匹配对个体态度和结果有显著不同影响，这对于价值观作用机制的研究有一定启示。

6.3　实践意义

正如本书题目所揭示的，本研究关注于领导与下属工作价值观匹配对个体态度和行为结果的影响，工作价值观不同维度的匹配是否存在差异化的表现形式？领导与下属价值观一致与不一致对下属态度和行为的影响是否相同？下属的工作满意度和组织公民行为在匹配的影响下有何表现？对这些问题的深入剖析和实践拓展，即是本研究的实践意义：

（1）从工作价值观的角度来看，并非"匹配即是最优"。虽然在积极的价值观匹配上，领导—下属能够达成更为积极的态度和行为结果。然而互补也是领导—下属关系中重要的一方面。

（2）本研究对员工的招聘与配置也有重要的启示。施奈德等（1995）相似—吸引理论认为，企业会基于个体特质选择与本企业匹配的人员加入组织，因此，许多组织考虑到个体与组织价值观是否匹配将影响员工的工作动机与离职意向，在招聘选拔时通过人格、价值观测量工作对应聘者进行考察。但组织忽略了应聘者与未来团队领导的匹配。当领导与下属在工作偏好和价值判断中不能保持一致，下属难以得到领导的支持与认可，其满意度降低、离职意向提高，无形中增加企业的招聘用工成本。因此，企业在员工配置的时候，需要考虑领导与下属工作价值观的匹配，以充分激发员工的工作动机，创造最好的绩效。

（3）本研究对企业的培训开发也有重要的启示。罗克奇（1973）指出，虽然价值观与人格一样，具有相对持久的稳定特征，但相对于人格，价值观仍会受到社会环境的影响，随着时间的推移，发生细微的变化。以培训为中心的组织社会化（socialization）被认为是促进员工与组织成员一致性特征的重要措施。在人员配置完成之后，企业可以建议部门领导组织专项培训，就工作方式、团队规范等与员工进行沟通，以加快员工与领导和团队的融合。除了对员工进行培训，企业还应该对领导进行适当培训，提高领导对价值观冲突的敏感性，提供相应的管理技能培训，以帮助领导识别价值观匹配的积极影响或消极影响，从而采取相应的措施激励下属。

6.4 研究不足和未来研究方向

虽然在研究设计和数据采集过程中尽可能遵循科学范式的要求，但由于资源有限，本研究仍存在一些不足之处。后续的研究可以在本研究的基础上展开进一步的探索。

第一，研究样本的问题。本研究采用289对领导—下属配对样本检验了本研究的假设，这符合匹配研究和多项式回归方法的一般要求。然而本研究的样本中领导—下属一致/不一致数据的比例分配不均（见表5-1），这在一定程度上影响了统计功效。贾奇（2007）指出，多项式回归中，F·L交互项需要非常大的样本支持，才能得到合理的结论；尚诺克等（2010）更明确地建议，对于"领导＞下属""领导—下属一致""领导＜下属"这三个类型的样本，最好接近1∶1∶1。而本研究中，领导—下属一致的样本比例太小，这也是后面开放性价值观一致性、保守型价值观一致性对工作满意度的影响不显著的潜在原因之一。未来研究在条件允许时可以增加样本量，以更准确地揭示变量间的关系。

此外，样本局限于北京、合肥、贵阳三个地区的企业，这可能会影响数据的代表性。选择这三个地区作为样本采集区域的原因是：首先，考虑到经济因素对个人观念的影响，为了保证样本的典型性，分别选择了代表经济发展水平较高的北京、经济发展水平中等的合肥、经济发展水平略低的贵阳三个城市；其次，便利性取样。然而，三个地区自身工作观念差异较大，如贵阳生活节奏相对较慢、竞争压力也相对较小，贵阳的人们更追求生活享受，相应的，贵阳的劳动者在声望、报酬、权威等方面与北京相比，偏好可能较低。这或许也是本研究结果与预期差异较大的一个原因。未来的研究可以通过扩大样本量，或在相似区域进行调查研究，以发现更具普遍性的结论。

第二，本研究采用爱德华兹和凯布尔（2004）基于施瓦茨（1992）的价值观四维度模型修订的个体工作价值观量表测量了领导—下属匹配效果。由于该量表初始设计目的就是应用于匹配问题研究，量表的维度选择和题项选择非常具有代表性，在后续研究中被认为具有很好的信度和效度。这也是本研究选择使用该量表的原因。然而，跨文化研究表明，中国文化与西方文化，尤其是美国文化有显著的差异（Becton & Field，2009；Farh et al.，1997；Farh et al.，2004；Lam et al.，1999；Wang et al.，2005）。虽然已有研究表明中国组织已经受到许多西方文化和价值观的影响，但相对于西方国家的工作组织，中国企业的层级观念、权力距离仍然很明显（House，Hanges，Javidan，Dorfman & Gupta，2004）。此外，本研究以组织公民行为为结果变量，而组织公民行为最初产生和研究发展均是在美国（Organ，1988；Podsakoff，MacKenzie，Moorman & Fetter，1990；Smith et al.，1983）。由于文化差异，不同国家员工对组织公民行为的认知并不相同（Coyne & Ong，2007；George & Jones，1997；Lam，Hui & Law，1999；Paine & Organ，2000）。基于以上分析，在探讨领导—下属价值观匹配时，未来研究可以充分考虑文化因素如集体主义/个人主义、权力距离倾向、不确定性规避倾向等对匹配及匹配效果的影响。

第三，领导—下属匹配是一个对偶关系，双方都会受到这种对偶关系的影响。已有研究表明，下属和领导人格的相似性对领导的工作结果（如对下属绩效的评价）有显著影响（Schaubroeck & Lam，2002；Strauss et al.，2001；Zhang et al.，2012）。克里什托夫–布朗等（2005）的元分析中也指出，领导—下属匹配与领导关注的结果有显著的相关性，如领导满意度（相关系数为 0.46）和领导—成员交换（相关系数为 0.43）。因此未来研究可以探讨这种匹配关系对于领导态度和行为是否造成影响。

第四，本研究仅验证了领导—下属工作价值观匹配对下属工作满意度和组织公民行为的影响。已有研究认为，领导—下属互动关系对态度和行为结果的影响受到许多情境因素的影响，而大多数研究只检验了领导—下属匹配对结果变量的直接效应，未清晰地揭示匹配与结果变量之间可能存在的作用机制（Zhang et al.，2012）。爱德华兹和凯布尔（2009）研究验证，价值观相似能够促进人际间沟通、信任和相互吸引。正是由于这种机制的存在，价值观会带来更好的人际互动，改善态度和行为结果（Dolan，2011）。而且已有的多项式回归方法已经支持中介机制、调节机制的检验，未来研究可以进一步考查这些关系的合理性，探索匹配与其他态度和行为的作用机制和边界条件。

附录1　工作价值观量表

工作价值观（Cable & Edwards，2004）

1. 每天都能做一些不同的事情。

2. 做各种各样的事情。

3. 每天的工作任务都不同。

4. 以我自己的方式去工作。

5. 自己决定如何完成工作。

6. 做出我自己的决策。

7. 服务公司。

8. 让公司变得更好。

9. 为公司做出贡献。

10. 与同事友好相处。

11. 了解同事。

12. 与同事建立亲密的关系。

13. 收入水平。

14. 薪酬总额。

15. 工资水平。

16. 获得尊重。

17. 获得地位。

18. 被他人敬重。

19. 不会被辞退。

20. 不会失业。

21. 当前工作稳定。

22. 清晰明确的汇报关系。

23. 清楚地知道谁是我的领导。

24. 权力界限明确。

附录2　工作满意度量表

工作满意度（Tsui，Egan & O'Reilly，1992）

1. 我对公司里的提升机会非常满意。

2. 我对公司里的同事非常满意。

3. 我对我的直接领导非常满意。

4. 我对我所从事的工作本身非常满意。

5. 我对我从公司得到的报酬非常满意。

6. 总体来说，我对我目前的工作非常满意。

附录 3　组织公民行为量表

组织公民行为（Blader & Tyler，2009）

1. 该员工自愿做一些工作要求之外的、能帮助组织发展的事情。

2. 该员工自愿帮助新员工适应工作。

3. 该员工主动帮助同事解决工作上的问题。

4. 该员工自愿帮助那些工作负担重的同事。

5. 该员工能够付出额外努力，把工作做得更好。

6. 即使没有奖励，该员工也会与同事分享自己的知识。

7. 即使没有额外报酬，该员工也乐意加班。

参考文献

［1］陈东健，陈敏华. 工作价值观、组织支持感对外企核心员工离职倾向的影响——以苏州地区为例. 经济管理，2009（11）：96－105.

［2］陈卫旗. 任务特征对人—组织匹配与员工绩效关系的调节作用. 广州大学学报（社会科学版），2012（9）：52－58.

［3］陈卫旗，王重鸣. 人—职务匹配、人—组织匹配对员工工作态度的效应机制研究. 心理科学，2007（4）：979－981.

［4］韩翼，魏文文. 领导—成员匹配对员工创造力的影响机制. 武汉理工大学学报（社会科学版），2013（4）：543－550.

［5］霍娜，李超平. 工作价值观的研究进展与展望. 心理科学进展，2009（4）：795－801.

［6］李超平，田宝，时勘. 变革型领导与员工工作态度：心理授权的中介作用. 心理学报，2006，38（2）：297－307.

［7］李万县，李淑卿，李丹. 工作价值观代际差异实证研究. 河北农业大学学报（农林教育版），2008（1）：118－122.

［8］刘凤香. 员工工作价值观代际差异研究. 博士学位论文：南开大学，2011.

［9］龙立荣，赵慧娟. 个人—组织价值观匹配研究：绩效和社会责任的优势效应. 管理学报，2009（6）：767－775.

［10］倪陈明，马剑虹. 企业职工的工作价值观与组织行为关系分析. 人类工效学，2000（4）：24－28，70－71.

［11］秦启文，姚景照，李根强. 企业员工工作价值观与组织公民行为的关系研究. 心理科学，2007（4）：958－960.

［12］曲庆，高昂. 个人—组织价值观契合如何影响员工的态度与绩效——基于竞争价值观模型的实证研究. 南开管理评论，2013（5）：4－15.

［13］沈伊默，袁登华，张华，杨东，张进辅，张庆林. 两种社会交换对组织公民行为的影响：组织认同和自尊需要的不同作用. 心理学报，2009（12）：1215－1227.

[14] 谭小宏．个人与组织价值观匹配对员工工作投入、组织支持感的影响．心理科学，2012（4）：973 – 977．

[15] 唐源鸿，卢谢峰，李珂．个人—组织匹配的概念、测量策略及应用：基于互动性与灵活性的反思．心理科学进展，2010（11）：1762 – 1770．

[16] 王震，孙健敏．人—组织匹配与个体创新行为的关系——三元匹配模式的视角．经济管理，2010（10）：74 – 79．

[17] 汪可真，郑兴山，张林．员工—主管契合对工作满意度作用的研究．陕西农业科学，2011（1）：183 – 187．

[18] 魏钧，张德．中国传统文化影响下的个人与组织契合度研究．管理科学学报，2006（6）：87 – 96．

[19] 吴能全，黄河，钟耀丹．个人组织价值观匹配对组织承诺的影响——不同所有制企业的差异．商业经济与管理，2006（12）：22 – 27．

[20] 奚玉芹，戴昌钧．人—组织匹配研究综述．经济管理，2009（8）：180 – 186．

[21] 奚玉芹，戴昌钧，杨慧辉．人—组织匹配、工作满意和角色外行为．软科学，2013（5）：96 – 100．

[22] 奚玉芹，戴昌钧，杨慧辉．人—组织价值观匹配、工作满意和离职倾向．南京师大学报（社会科学版），2014（1）：38 – 47．

[23] 谢义忠，韩雪，张欣，时勘．P-J 匹配，P-O 匹配与工作满意度的关系：LMX 的调节作用．中国临床心理学杂志，2006（5）：495 – 498．

[24] 袁凌，初立娜．个人与组织匹配对组织公民行为的影响研究．当代财经，2008（8）：85 – 88．

[25] 张兴国，许百华．人—组织匹配研究的新进展．心理科学，2005（4）：1004 – 1006．

[26] 赵红梅．个人—组织契合度对组织公民行为及关系绩效影响的实证研究．管理学报，2009（3），342 – 347．

[27] 赵慧娟，龙立荣．个人—组织匹配与工作满意度——价值观匹配、需求匹配与能力匹配的比较研究．工业工程与管理，2009（4）：113 – 117，131．

[28] 赵慧娟，龙立荣．价值观匹配、能力匹配对中部地区员工离职倾向的影响．科学学与科学技术管理，2010（12）：170 – 177．

[29] Adkins, C. L. , Ravlin, E. C. & Meglino, B. M. . Value congruence between co-

workers andits relationship to work outcomes. *Group and Organization Management*, 1996, 21 (4): 439 – 460.

[30] Adkins, C. L. , Russell, C. J. & Werbel, J. D. . Judgments of fit in the selection process: The role of work value congruence. *Personnel Psychology*, 1994, 47 (3): 605 – 623.

[31] Alderfer, C. P. . *Existence, relatedness, and growth: Human needs in organizational settings.* New York, NY, US: Free Press, 1972.

[32] Allen, T. D. , Barnard, S. , Rush, M. C. & Russell, J. E. . Ratings of organizational citizenship behavior: Does the source make a difference? *Human Resource Management Review*, 2000, 10 (1): 97 – 114.

[33] Allen, T. D. & Rush, M. C. . The effects of organizational citizenship behavior on performance judgments: A Field study and a laboratory experiment. *Journal of Applied Psychology*, 1998, 83 (2): 247.

[34] Allport, G. W. . *Pattern and growth in personality.* New York: Holt, Rinehart, & Winston, 1961.

[35] Alsop, R. . *The trophy kids grow up: How the millennial generation is shaking up the workplace.* SanFrancisco, CA: Jossey-Bass, 2008.

[36] Ansoorian, A. , Good, P. & Samuelson, D. . Managing generational differences. Leadership, May/June, 2003: 34 – 35.

[37] Arthaud-Day, M. L. , Rode, J. C. & Turnley, W. H. . Direct and contextual effects of individual values on organizational citizenship behavior in teams. *Journal of Applied Psychology*, 2012, 97 (4): 792.

[38] Arvey, R. D. , Bouchard, T. J. , Segal, N. L. & Abraham, L. M. . Job satisfaction: Environmental and genetic components. *Journal of Applied Psychology*, 1989, 74 (2): 187.

[39] Ashkanasy, N. M. & O'connor, C. . Value congruence in leader-member exchange. *The Journal of Social Psychology*, 1997, 137 (5): 647 – 662.

[40] Atwater, L. & Dionne, S. . A process model of leader-follower fit. In Ostroff C. , Judge, T. A. (Eds.), *Perspectives on organizational fit* (pp. 183 – 208). New York: Lawrence Erlbaum Associates Inc, 2007.

[41] Bandura, A. . Self-efficacy: Toward a unifying theory of behavioral change. *Psy-*

chological Review, 1977, 84: 191 - 215.

[42] Bandura, A.. Self-efficacy mechanism in human agency. American Psychologist, 1982, 37: 122 - 147.

[43] Bardi, A. & Schwartz, S. H.. Values and behavior: Strength and structure of relations. *Personality and Social Psychology Bulletin*, 2003, 29 (10): 1207 - 1220.

[44] Barnard, C. I.. *The functions of the executive*. Cambridge: Harvard University Press, 1968.

[45] Barrick, M. R. & Mount, M. K.. Autonomy as a moderator of the relationships between the Big Five personality dimensions and job performance. *Journal of Applied Psychology*, 1993, 78 (1): 111.

[46] Barsade, S. G. , Ward, A. J. , Turner, J. D. F. & Sonnenfeld, J. A.. To your heart's content: A model of affective diversity in top management teams. *Administrative Science Quarterly*, 2000, 45: 802 - 836.

[47] Bashshur, M. R. , Hernández, A. & González - Romá, V.. When managers and their teams disagree: A longitudinal look at the consequences of differences in perceptions of organizational support. *Journal of Applied Psychology*, 2011, 96 (3): 558 - 573.

[48] Bass, B. M.. *Bass and Stogdill's handbook of leadership: Theory, research & managerial applications* (3rd ed.) . New York: Free Press, 1990.

[49] Bateman, T. S. & Organ, D. W.. Job satisfaction and the good soldier: The relationship between affect andemployee "citizenship. " *Academy of Management Journal*, 1983, 26: 587 - 595.

[50] Bauer, T. N. & Green, S. G.. Development of leader-memberexchange: A longitudinal test. *Academy of Management Journal*, 1996, 39: 1538 - 1567.

[51] Becker, T. E.. Foci and bases of commitment: Are they distinctions worth making? *Academy of Management Journal*, 1992, 35: 232 - 244.

[52] Becton, J. B. & Field, H. S.. Cultural differences in organizational citizenship behavior: Acomparison between Chinese and American employees. *The International Journal of Human Resource Management*, 2009, 20 (8): 1651 - 1669.

[53] Berl, P.. Crossing the generational divide. *Exchange*, March/April, 2006: 73 - 76.

[54] Bies, R. J. , Martin, C. L. & Brockner, J.. Just laid off, but still a "good citi-

zen?" Only if the process is fair. *Employee Responsibilities and Rights Journal*, 1993, 6 (3): 227 – 238.

[55] Bilsky, W. & Schwartz, S. H.. Values and personality. *European Journal of Personality*, 1994, 8 (3): 163 – 181.

[56] Blader, S. L. & Tyler, T. R.. Testing and extending the group engagement model: Linkages between social identity, procedural justice, economic outcomes, and extrarole behavior. *Journal of Applied Psychology*, 2009, 94 (2): 445.

[57] Blau, P. M.. Exchange and power in social life. New York: Wiley, 1964.

[58] Bluedorn, A. C., Kalliath, T. J., Strube, M. J. & Martin, G. D.. Polychronicity and the Inventory of Polychronic Values (IPV): The development of an instrument to measure a fundamental dimension of organizational culture. *Journal of Managerial Psychology*, 1999, 14 (3/4): 205 – 231.

[59] Bolino, M. C.. Citizenship and impression management: Goodsoldiers or good actors? Academy of Management Review, 1999, 24: 82 – 98.

[60] Bolino, M. C., Varela, J. A., Bande, B. & Turnley, W. H.. Theimpact of impression-management tactics on supervisor ratings of organizational citizenship behavior. *Journal of Organizational Behavior*, 2006, 27: 281 – 297.

[61] Bommer, W. H., Miles, E. W. & Grover, S. L.. Does one good turn deserve another? Coworker influences on employee citizenship. *Journal of Organizational Behavior*, 2003, 24 (2): 181 – 196.

[62] Borman, W. C. & Motowidlo, S. J.. Expanding the criterion domain to include elements of contextual performance. *Personnel selection in organizations*, 1993, 71: 98.

[63] Borman, W. C. & Motowidlo, S. J.. Task performance and contextual performance: The meaning for personnel selection research. *Human performance*, 1997, 10 (2): 99 – 109.

[64] Bowers, D. G. & Seashore, S. E.. Predicting organizational effectiveness with a four-factor theory of leadership. *Administrative Science Quarterly*, 1986, 11 (2): 238 – 263.

[65] Brayfield, A. H. & Rothe, H. F.. An index of job satisfaction. *Journal of Applied Psychology*, 1951, 35 (5): 307.

[66] Britt, T. W. & Jex, S. M.. *Organizational psychology: A scientist-practitioner ap-*

proach. John Wiley & Sons，2008.

［67］Brown，M. E. & Trevino，L. K. . Socialized charismatic leadership，values congruence，and deviance in work groups. *Journal of Applied Psychology*，2006，91（4）：954 － 962.

［68］Brown，M. E. & Trevino，L. K. . Leader-follower values congruence：Are socialized charismatic leaders better able to achieve it? *Journal of Applied Psychology*，2009，94（2）：478 － 490.

［69］Burch，G. S. J. & Anderson，N. . Measuring person-team fit：Development and validation of the team selection inventory. *Journal of Managerial Psychology*，2004，19（4）：406 － 426.

［70］Burch，G. S. J. & Anderson，N. . Personality as a predictor of work-related behavior and performance：Recent advances and directions for future research. *International review of industrial and organizational psychology*，2008，23：261.

［71］Byrne，D. . Attitude and attraction. In L. Berkowitz（Ed. ），*Advancesin experimental social psychology*（Vol. 4，pp. 35 － 90）. New York：Academic Press，1969.

［72］Byrne，D. . *The attraction paradigm*. New York：Academic Press，1971.

［73］Byrne，D. . An overview（and underview）of research and theory within the attractionparadigm. *Journal of Social and Personal Relationships*，1997，14：417 － 431.

［74］Byrne，D. & Clore，G. L. . A reinforcement model of evaluative responses. *Personality：AnInternational Journal*，1970，1：103 － 128.

［75］Byrne，D. ，Clore，G. L. ，Griffitt，W. ，Lamberth，J. & Mitchell，H. E. . When research paradigms converge：Confrontation or integration? *Journal of Personality and Social Psychology*，1973，28（3）：313 － 320.

［76］Cable，D. M. & DeRue，D. S. . The convergent and discriminantvalidity of subjective fit perceptions. *Journal of Applied Psychology*，2002，87：875 － 884.

［77］Cable，D. M. & Edwards，J. R. . Complementary and supplementary fit：A theoretical and empirical integration. *Journal of Applied Psychology*，2004，89（5）：822 － 834.

［78］Cable，D. M. & Judge，T. A. . Person-organization fit，job choice decisions，and organizational entry. *Organizational Behavior and Human Decision Processes*，1996，67（3）：294 － 311.

［79］Carlson，H. . Changing of the guard. *The School Administrator*，August，2004：

36 – 39.

［80］ Caplan RD. . Person-environment fit: Past, present, and future. In Cooper CL (Ed.), *Stress research* （pp. 35 – 78） . New York: Wiley, 1983.

［81］ Caplan, R. D. . Person-environment fit theory and organizations: Commensurate dimensions, time perspectives, and mechanisms. *Journal of Vocational behavior*, 1987, 31 （3）: 248 – 267.

［82］ Cennamo, L. & Gardner, D. . Generational differences in work values, outcomes and person-organization values fit. *Journal of Managerial Psychology*, 2008, 23 （8）: 891 – 906.

［83］ Charrier, K. . Marketing strategies for attracting andretaining generation X police officers. *The Police Chief*, December, 2000: 45 – 51.

［84］ Chatman, J. A. . Improvinginteractional organizational research: A model of person-organization fit. *Academy of Management Review*, 1989, 14: 333 – 349.

［85］ Chatman J. . Matching people and organizations: Selection and socialization in public accounting firms. *Administrative Science Quarterly*, 1991, 36: 459 – 484.

［86］ Chen, P. and Choi, Y. . Generational differences inwork values: A study of hospital management. *International Journal of Contemporary Hospitality Management*, 2008, 20: 595 – 615.

［87］ Cherrington, D. J. , Condie, S. J. & England, J. L. . Age work values. *Academy of Management Journal*, 1979, 22 （3）: 617 – 623.

［88］ Clore, G. L. & Gormly, J. B. . Knowing, feeling and liking a psychophysiological study of attraction. *Journal of Research in Personality*, 1974, 8 （3）: 218 – 230.

［89］ Colbert, A. E. , Kristof-Brown, A. L. , Bradley, B. H. & Barrick, M. R. . CEO transformational leadership: The role of goal importance congruence in top management teams. *Academy of Management Journal*, 2008, 51 （1）: 81 – 96.

［90］ Cole, M. S. , Carter, M. Z. & Zhang, Z. . Leader-team congruence in power distance values and team effectiveness: The mediating role of procedural justice climate. *Journal of Applied Psychology*, 2013, 98 （6）: 962 – 973.

［91］ Cooman, R. , Gieter, S. , Pepermans, R. , Du Bois, C. , Caers, R. & Jegers, M. . Freshmen in nursing: Job motives and work values of a new generation. *Journal of Nursing Management*, 2008, 16 （1）: 56 – 64.

［92］ Costa, P. T. & McCrae, R.. Toward a new generation of personality theories: Theoretical contexts for the five-factor model. In Wiggins (Ed), *The five factor model of personality: Theoretical perspectives*. Hrsg: JS Wiggins. New York, 1996: 51 – 87.

［93］ Coyne, I. & Ong, T.. Organizational citizenship behaviour and turnover intention: A cross-cultural study. *The International Journal of Human Resource Management*, 2007, 18 (6): 1085 – 1097.

［94］ Crites, J. O.. Factor analytic definitions of vocational motivation. *Journal of Applied Psychology*, 1961, 45 (5): 330.

［95］ Dawis, R. V. & Lofquist, L. H.. *A psychological theory of work adjustment: An individual-differences model and its applications*. Minneapolis, MN: University of Minnesota Press, 1984.

［96］ Deluga, R. J.. Leader-member exchange quality and effectiveness ratings: The role of subordinate-supervisor conscientiousness similarity. *Group & Organization Management*, 1998, 23 (2): 189 – 216.

［97］ DeRue, D. S. & Morgeson, F. P.. Stability and change in person-team and person-role fit over time: The effects of growth satisfaction, performance, and general self-efficacy. *Journal of Applied Psychology*, 2007, 92 (5): 1242 – 1253.

［98］ Dose, J. J.. An integrative framework and illustrative application to organizational socialization. *Journal of Occupational and Organizational Psychology*, 1997, 70: 219 – 240.

［99］ Dulebohn, J. H., Bommer, W. H., Liden, R. C., Brouer, R. L. & Ferris, G. R.. A Meta-Analysis of Antecedents and Consequences of Leader-Member Exchange: Integrating the Past with an Eye Toward the Future. *Journal of Management*, 2012, 38 (6): 1715 – 1759.

［100］ Edwards, J. R.. *Person-job fit: A conceptual integration, literature review, and methodological critique*. John Wiley & Sons, 1991.

［101］ Edwards, J. R.. Problems with the use of profile similarity indices in the study of congruence in organizational research. *Personnel Psychology*, 1993, 46 (3): 641 – 665.

［102］ Edwards J. R.. Alternatives to difference scores as dependent variables in the study of congruence in organizational research. *Organizational Behavior and Human Decision Processes*, 1994a, 64: 307 – 324.

［103］ Edwards, J. R.. The study of congruence in organizational behavior research:

Critique and proposed alternative. *Organizational Behavior and Human Decision Processes*, 1994b, 58: 51 – 100.

[104] Edwards, J. R.. Alternatives to difference scores: Polynomial regression analysis and response surface methodology. In Drasgow, F. & Schmitt, N. (Eds). *Measuring and analyzing behavior in organizations: Advances in measurement and data analysis.* The Jossey-Bass business & management series., (pp. 350 – 400) . San Francisco, CA, US: Jossey-Bass, 2002.

[105] Edwards, J. R.. Person-Environment Fit in Organizations: An Assessment of Theoretical Progress. *The Academy of Management Annals*, 2008, 2: 167 – 230.

[106] Edwards, J. R. & Cable, D. A.. The Value of Value Congruence. *Journal of Applied Psychology*, 2009, 94 (3): 654 – 677.

[107] Edwards, J. R., Cable, D. M., Williamson, I. O., Lambert, L. S. & Shipp, A. J.. The Phenomenology of Fit: Linking the Person and Environment to the Subjective Experience of Person-Environment Fit. *Journal of Applied Psychology*, 2006, 91 (4): 802 – 827.

[108] Edwards, J. R. & Parry, M. E.. On the Use of Polynomial Regression Equations as an Alternative to Difference Scores in Organizational Research. *Academy of Management Journal*, 1993, 36 (6): 1577 – 1613.

[109] Ehrhart, M. G. & Klein, K. J.. Predicting followers' preferences for charismatic leadership: The influence of follower values and personality. The Leadership Quarterly, 2001, 12 (2): 153 – 179.

[110] Ehrhart, M. G. & Naumann, S. E.. Organizational citizenship behavior in work groups: A group norms approach. *Journal of Applied Psychology*, 2004, 89 (6): 960.

[111] Ekehammar, B.. Interactionism in personality from a historical perspective. *Psychological bulletin*, 1974, 81 (12): 1026.

[112] Elizur, D.. Facets of work values: A structural analysis of work outcomes. *Journal of Applied Psychology*, 1984, 69 (3): 379.

[113] Elizur, D.. Gender and work values: A comparative analysis. *The Journal of Social Psychology*, 1994, 134 (2): 201 – 212.

[114] Elizur, D., Borg, I., Hunt, R. and Beck, I. M.. The structure of work values: A cross-cultural comparison. *Journal of Organizational Behavior*, 1991, 12: 21 – 38.

［115］ Endler, N. S. & Magnusson, D.. Toward an interactional psychology of personality. *Psychological bulletin*, 1976, 83 (5): 956.

［116］ England, G. W.. Personal value systems of American managers. *Academy of Management Journal*, 1967, 10 (1): 53 - 68.

［117］ Engle, E. M. & Lord, R. G.. Implicit theories, self-schemas, andleader-member exchange. *Academy of Management Journal*, 1997, 40: 988 - 1010.

［118］ Erdogan, B., Kraimer, M. L. & Liden, R. C.. Work value congruence and intrinsic career success: The compensatory roles of leader-member exchange and perceived organizational support. *Personnel Psychology*, 2004, 57 (2): 305 - 332.

［119］ Ester, P., Braun, M. & Mohler, P. P.. Globalization, value change, and generations: A cross-national and intergenerational perspective. Boston: Brill, 2006.

［120］ Fairhurst, G. T.. Dualisms in leadership research. In L. L. Putnam & F. M. Jablin (Eds.), *The new handbookof organizational communication*: 379 - 439. Sage: Newbury Park, CA. Thousand Oaks, CA: Sage 2001.

［121］ Farh, J. L., Earley, P. C. & Lin, S. C.. Impetus for action: A cultural analysis of justice and organizational citizen ship behavior in Chinese society. *Administrative Science Quarterly*, 1997, 42: 421 - 444.

［122］ Farh, J. L., Podsakoff, P. M. & Organ, D. W.. Accounting for organizational citizenship behavior: Leaderfairness and task scope versus satisfaction. *Journal of Management*, 1990, 16: 705 - 721.

［123］ Farh, J. L., Zhong, C. B. & Organ, D. W.. Organizational citizenship behavior in the People's Republic of China. *Organization Science*, 2004, 15 (2): 241 - 253.

［124］ Feather, N. T.. Values, valences, and choice: The influences of values on the perceived attractiveness and choice of alternatives. *Journal of Personality and Social Psychology*, 1995, 68 (6): 1135.

［125］ Feather, N. T. & Rauter, K. A.. Organizational citizenship behaviors in relation to job status, job insecurity, organizational commitment and identification, job satisfaction and work values. *Journal of Occupational and Organizational Psychology*, 2004, 77 (1): 81 - 94.

［126］ Filipczak, B.. It's just a job: Generation X at work. *Training*, 1994, 31: 21 - 27.

［127］ Fleenor, J. W. , McCauley, C. D. & Brutus, S. . Self-other rating agreement and leader effectiveness. *Leadership Quarterly*, 1994, 7 (4): 487 – 506.

［128］ Foreman, P. & Murphy, G. . Work values and expectancies in occupational rehabilitation: The role of cognitive variables in the return-to-work process. *Journal of Rehabilitation-Washington*, 1996, 62: 44 – 48.

［129］ French, J. R. P. , Caplan, R. D. & Harrison, R. V. . *Themechanisms of job stress and strain.* London: Wiley, 1982.

［130］ Frye, C. M. . New evidence for the job characteristics model: A meta-analysis of the job characteristics-job satisfaction relationship using composite correlations. In *Eleventh Annual Meeting of the Society for Industrial and Organizational Psychology*, San Diego, CA, 1996.

［131］ Furnham, A. . The Protestant work ethic: A review of the psychological literature. *European Journal of Social Psychology*, 1984, 14 (1): 87 – 104.

［132］ Furnham, A. . A content, correlational, and factor analytic study of seven questionnaire measures of the Protestant work ethic. *Human Relations*, 1990, 43 (4): 383 – 399.

［133］ Furnham, A. & Koritsas, E. . The Protestant work ethic and vocational preference. *Journal of Organizational Behavior*, 1990, 11 (1): 43 – 55.

［134］ Gehman, J. , Trevino, L. K. & Garud, R. . Values work: A process study of the emergence and performance of organizational values practices. *Academy of Management Journal*, 2013, 56 (1): 84 – 112.

［135］ George, J. M. . State or trait: Effects of positive mood on prosocial behavior at work. *Journal of Applied Psychology*, 1991, 76: 299 – 307.

［136］ Gerhart, B. . The (affective) dispositional approach to job satisfaction: Sorting out the policy implications. *Journal of Organizational Behavior*, 2005, 26 (1): 79 – 97.

［137］ Gibson, C. B. , Cooper, C. D. & Conger, J. A. . Do you see what we see? The complex effects of perceptual distance between leaders and teams. *Journal of Applied Psychology*, 2009, 94 (1): 62 – 76.

［138］ Giberson, T. R. , Resick, C. J. & Dickson, M. W. . Embedding leader characteristics: An examination of homogeneity of personality and values in organizations. *Journal of Applied Psychology*, 2005, 90 (5): 1002 – 1010.

[139] Gillespie, N. & Mann, L.. Transformational leadership and shared values: The building blocks of trust. *Journal of Managerial Psychology*, 2004, 19: 588 – 607.

[140] Glomb, T. M. & Welsh, E. T.. Can opposites attract? Personality heterogeneity in supervisor-subordinate dyads as a predictor of subordinate outcomes. *Journal of Applied Psychology*, 2005, 90 (4): 749 – 757.

[141] Goldstein, K.. *The organism.* New York: American Book, 1939.

[142] Good LR, Nelson DA.. Effects of person-group and intragroup attitude similarityon perceived group attractiveness and cohesiveness. *Psychonomic Science*, 1971, 25 (4): 215 – 217.

[143] Green, S. G., Anderson, S. E. & Shivers, S. L.. Demographic and organizational influences on leader-member exchange and related work attitudes. *Organizational behavior and human decision processes*, 1996, 66 (2): 203 – 214.

[144] Greene, C. N.. The satisfaction-performance controversy: New developments and their implications. *Business Horizons*, 1972, 15 (5): 31 – 41.

[145] Gursoy, D., Maier, T. and Chi, C.. Generational differences: an examination of the work values and generational gaps in the hospitality workforce. *International Journal of Hospitality Management*, 2008, 27: 448 – 458.

[146] Hackman, J. R. & Oldham, G. R. (1976). Motivation through the design of work: Test of a theory. *Organizational behavior and human performance*, 1976, 16 (2): 250 – 279.

[147] Harding, S. D. & Hikspoors, F. J.. New work values: In theory and in practice. International Social Science Journal, 1995, 47: 441 – 455.

[148] Haworth, C. L. & Levy, P. E.. The importance of instrumentality beliefs in the prediction of organizational citizenship behaviors. *Journal of Vocational Behavior*, 2001, 59 (1): 64 – 75.

[149] Hegney, D., Plank, A. & Parker, V.. Extrinsic and intrinsic work values: Their impact on job satisfaction in nursing. *Journal of Nursing Management*, 2006, 14 (4): 271 – 281.

[150] Hitlin, S. & Piliavin, J. A.. Values: Reviving a dormant concept. *Annual review of sociology*, 2004, 30: 359 – 393.

[151] Hoffman, B. J., Bynum, B. H., Piccolo, R. F., Sutton, A. W.. Person-or-

ganization value congruence: How transformational leaders influence work group effectiveness. *Academy of Management Journal*, 2011, 54 (4): 779 – 796.

[152] Hoffman, B. J. & Woehr, D. J.. A quantitative review of the relationship between person-organization fit and behavioral outcomes. *Journal of Vocational Behavior*, 2006, 68 (3): 389 – 399.

[153] Holland, J. L.. *Making vocational choices: A theory of careers* (2nd edition). Englewood Cliffs, NJ: Prentice-Hall, 1985.

[154] Hollenbeck, J. R., Moon, H., Ellis, A. P., West, B. J., Ilgen, D. R., Sheppard, L., Porter, C. L. H. & Wagner III, J. A.. Structural contingency theory and individual differences: Examination of external and internal person-team fit. *Journal of Applied Psychology*, 2002, 87 (3): 599 – 606.

[155] House, R. J., Hanges, P. J., Javidan, M., Dorfman, P. W. & Gupta, V.. *Culture, leadership, and organizations: The globestudy of 62 societies*. Thousand Oaks, CA: Sage, 2004.

[156] Huang, X. & Iun, J.. The impact of subordinate-supervisor similarity in growth-need strength on work outcomes: The mediating role of perceived similarity. *Journal of Organizational Behavior*, 2006, 27: 1121 – 1148.

[157] Hui, C., Lam, S. S. & Law, K. K.. Instrumental values of organizational citizenship behavior for promotion: A field quasi-experiment. *Journal of Applied Psychology*, 2000, 85 (5): 822 – 828.

[158] Hui, C., Law, K. S. & Chen, Z. X.. A structural equation model ofthe effects of negative affectivity, leader-member exchange, and perceived job mobility on in-role and extra-role performance. *Organizational Behavior and Human Decision Processes*, 1999, 77: 3 – 21.

[159] Hulin, C. L. & Judge, T. A.. Job attitudes. *Handbook of psychology*, 2003 (2): 255 – 276.

[160] Jackson, S. E., Brett, J. F., Sessa, V. I., Cooper, D. M., Julin, J. A., & Peyronnin, K.. Some differences make a difference: Individual dissimilarity and group heterogeneity as correlates of recruitment, promotions, and turnover. *Journal of Applied Psychology*, 1991, 76 (5): 675 – 689.

[161] Jansen, K. J. & Kristof-Brown, A. L.. Marching to the beat of a different drum-

mer: Examining the impact of pacing congruence. *Organizational Behavior and Human Decision Processes*, 2005, 97 (2): 93 – 105.

[162] Jansen, K. J. & Kristof-Brown, A. L. . Toward a multidimensional theory of person-environment fit. *Journal of ManagerialIssues*, 2006, 18: 193 – 212.

[163] Jauch, L. R. , Osborn, R. N. , & Terpening, W. D. . Research Notes: Goal congruence and employee orientations: The substitution effect. *Academy of Management Journal*, 1980, 23 (3): 544 – 550.

[164] Jin, J. & Rounds, J. . Stability and change in work values: A meta-analysis of longitudinal studies. *Journal of Vocational Behavior*, 2012, 80 (2): 326 – 339.

[165] Johns, G. . Difference score measures of organizational behaviorvariables: A critique. *Organizational Behavior and Human Performance*, 1981, 27, 443 – 463.

[166] Judge, T. A. . The future of person-organization fit research: Comments, observations, and a few suggestions. In Ostroff C. , Judge, T. A. (Eds.), *Perspectives on organizational fit* (pp. 3 – 69) . New York: Lawrence Erlbaum Associates Inc, 2007.

[167] Judge, T. A. & Bono, J. E. . Relationship of core self-evaluations traits-self-esteem, generalized self-efficacy, locus of control, and emotional stability-with job satisfaction and job performance: A meta-analysis. *Journal of Applied Psychology*, 2001, 86 (1): 80 – 92.

[168] Judge, T. A. , Bono, J. E. & Locke, E. A. . Personality and job satisfaction: The mediating role of job characteristics. *Journal of Applied Psychology*, 2000, 85 (2): 237 – 249.

[169] Judge, T. A. & Bretz, R. D. . Effects of work values on job choice decisions. *Journal of Applied Psychology*, 1992, 77: 261 – 271.

[170] Judge, T. A. & Cable, D. M. . Applicant personality, organizationalculture, and organization attraction. *Personnel Psychology*, 1997, 50: 359 – 394.

[171] Judge, T. A. & Klinger, R. . Job satisfaction: Subjective well-being at work. *The science of subjective well-being*, 2008: 393 – 413.

[172] Judge, T. A. & Ferris, G. R. . Social context of performance evaluation decisions. *Academy of Management Journal*, 1993, 36 (1): 80 – 105.

[173] Judge, T. A. , Heller, D. & Mount, M. K. . Five-factor model of personality and job satisfaction: A meta-analysis. *Journal of Applied Psychology*, 2002, 87 (3):

530 – 541.

[174] Judge, T. A. & Larsen, R. J.. Dispositional affect and job satisfaction: A review and theoretical extension. *Organizational Behavior and Human Decision Processes*, 2001, 86 (1): 67 – 98.

[175] Judge, T. A. , Locke, E. A. & Durham, C. C.. The dispositional causes of job satisfaction: A core evaluations approach. *Research in Organizational Behavior*, 1997, 19: 151 – 188.

[176] Judge, T. A. , Locke, E. A. , Durham, C. C. & Kluger, A. N.. Dispositional effects on job and life satisfaction: The role of core evaluations. *Journal of Applied Psychology*, 1998, 83 (1): 17 – 34.

[177] Jung, D. I. & Avolio, B. J.. Opening the black box: An experimental investigation of the mediating effects of trust and value congruence on transformational and transactional leadership. *Journal of Organizational Behavior*, 2000, 21 (8): 949 – 964.

[178] Jurgensen, C. E.. Job preferences (What makes a job good or bad?). *Journal of Applied Psychology*, 1978, 63 (3): 267.

[179] Kalleberg, A. L.. Work Values and Job Rewards: A Theory of Job Satisfaction. *American Sociological Review*, 1977, 42 (1): 124.

[180] Kamdar, D. & Van Dyne, L.. The joint effects of personality and workplace social exchange relationships in predicting task performance and citizenship performance. *Journal of Applied Psychology*, 2007, 92: 1286 – 1298.

[181] Karp, H. and Sirias, D.. Generational conflict: A newparadigm for teams of the 21st century. *Gestalt Review*, 2001, 5: 71 – 87.

[182] Keller, L. M. , Bouchard, T. J. Jr. , Arvey, R. D. , Segal, N. L. and Dawis, R. V.. Work values: Genetic and environmental influences. *Journal of Applied Psychology*, 1992, 77: 79 – 88.

[183] Kingstrom, P. O. & Mainstone, L. E.. An investigation of the rater-ratee acquaintance and rater bias. *Academy of Management Journal*, 1985, 28 (3): 641 – 653.

[184] Kirkman, B. L. , Tesluk, P. E. & Rosen, B.. The impact of demographic heterogeneity and team leader-teammember demographic fit on team empowerment and effectiveness. *Group and Organization Management*, 2004, 29: 334 – 368.

[185] Kluckhohn, C.. Values and Value Orientations in the Theory of Action: An ex-

ploration in Definition and Classification（pp. 388 – 433）. In Parson, Talcott/Shils, Edward（Hg.）. *Toward a General Theory of Action*, 1951.

［186］Koivula, N. & Verkasalo, M.. Value Structure Among Students and Steelworkers1. *Journal of Applied Social Psychology*, 2006, 36（5）: 1263 – 1273.

［187］Konovsky, M. A. & Organ, D. W.. Dispositional and contextual determinants of organizational citizenship behavior. *Journal of Organizational Behavior*, 1996, 17: 253 – 266.

［188］Kristof, A. L.. Person-organization fit: An integrative review of its conceptualizations, measurement, and implications. *Personnel Psychology*, 1996, 49（1）: 1 – 49.

［189］Kristof-Brown, A. L.. Perceived applicant fit: Distinguishing between recruiters' perceptions of person-job and person-organizationfit. *Personnel Psychology*, 2000, 53（3）: 643 – 671.

［190］Kristof-Brown, A. L., Barrick, M. R. & Stevens, C. K.. When opposites attract: A multi-sample demonstration of complementary person – team fit on extraversion. *Journal of Personality*, 2005, 73: 935 – 957.

［191］Kristof-Brown A, Stevens CK.. Goal congruence in project teams: Does the fit between members' personal mastery and performance goals matter? *Journal of Applied Psychology*, 2001, 86: 1083 – 1095.

［192］Kristof-Brown, A. L., Zimmerman, R. D. & Johnson, E. C.. Consequences of individuals' fit at work: A meta-analysis of person-job, person-organization, person-group, and person-supervisor fit. *Personnel Psychology*, 2005, 58（2）: 281 – 342.

［193］Kupperschmidt, B.. Multigenerational employees: Strategies for effective management. *Health CareManager*, 2000, 19: 65 – 76.

［194］Lam, S. S., Hui, C. & Law, K. S.. Organizational citizenship behavior: Comparing perspectives of supervisors and subordinates across four international samples. *Journal of Applied Psychology*, 1999, 84（4）: 594.

［195］Lamm, E. and Meeks, M. M.. Workplace fun: themoderating effects of generational differences. *Employee Relations*, 2009, 31: 613 – 631.

［196］Latham, G. P. & Pinder, C. C.. Work motivation theory and research at the dawn of the twenty-first century. *Annual Review of Psychology*, 2005, 56: 485 – 516.

［197］Lauver, K. J. & Kristof-Brown, A.. Distinguishing between employees' perceptions of person-job and person-organization fit. Journal of Vocational Behavior, 2001, 59 (3): 454 – 470.

[198] Lawler, E. E.. *Motivation in work organizations*. Monterey, CA: Brooks/Cole Publishing, 1973.

[199] Lazarus, R. S.. Progress on a cognitive-motivational-relational theory of emotion. *American psychologist*, 1991, 46 (8): 819.

[200] Leana, C. R.. Power relinquishment versus power sharing: Theoretical clarification and empirical comparison of delegation and participation. *Journal of Applied Psychology*, 1987, 72 (2): 228.

[201] LePine, J. A. , Erez, A. & Johnson, D. E.. The nature and dimensionality of organizational citizenship behavior: A critical review and meta-analysis. *Journal of Applied Psychology*, 2002, 87 (1): 52.

[202] Levinson, H.. Reciprocation: The relationship between man andorganization. *Administrative Science Quarterly*, 1965, 9: 370 – 390.

[203] Li, N. , Liang, J. & Crant, J. M.. The role of proactive personality in job satisfaction and organizational citizenship behavior: A relational perspective. *Journal of Applied Psychology*, 2010, 95 (2): 395.

[204] Liden, R. C. , Wayne, S. J. & Stilwell, D.. A longitudinal study on the early development of leader-member exchanges. *Journal of Applied Psychology*, 1993, 78: 662 – 674.

[205] Likert, R.. *The human organization: Its management and values*. New York: McGraw-Hill, 1967.

[206] Lincoln, J. R. & Miller, J.. Work and friendship ties in organizations: A comparative analysis of relation networks. *Administrative Science Quarterly*, 1979: 181 – 199.

[207] Locke, E. A.. The nature and causes of job satisfaction. In M. Dunnette (Ed.), *Handbook of industrial and organizational psychology* (pp. 1297 – 1350) . Chicago: Rand McNally, 1976.

[208] Locke, E. A. & Henne, D.. Work motivation theories. *International review of industrial and organizational psychology*, 1986, 1: 1 – 35.

[209] Locke, E. A. & Latham, G. P.. *A theory of goal setting and taskperformance*. Englewood Cliffs, NJ: Prentice Hall, 1990.

［210］ Losyk, B.. How to manage an X'er. *The Futurist*, 1997, 31: 43.

［211］ Lyons, S., Duxbury, L. and Higgins, C.. An empiricalassessment of generational differences in basic humanvalues. *Psychological Reports*, 2007, 101: 339 – 352

［212］ Lyons, S. T., Higgins, C. A. & Duxbury, L.. Work values: Development of a new three-dimensional structure based on confirmatory smallest space analysis. *Journal of Organizational Behavior*, 2010, 31: 969 – 1002.

［213］ Malka, A. & Chatman, J. A.. Intrinsic and extrinsic work orientations as moderators of the effect of annual income on subjective well-being: A longitudinal study. *Personality and Social Psychology Bulletin*, 2003, 29 (6): 737 – 746.

［214］ McAllister, D. J. (1995). Affect-and cognition-based trust as foundations for interpersonal cooperation in organizations. *Academy of Management Journal*, 1995, 38 (1): 24 – 59.

［215］ McCrae, R. R. & Costa, P. T.. Validation of the five-factor model of personality across instruments and observers. *Journal of Personality and Social Psychology*, 1987, 52 (1): 81.

［216］ McDonald, K. and Hite, L.. The next generation ofcareer success: implications for HRD. *Advances in Developing Human Resources*, 2008, 10: 86 – 103.

［217］ Meyer, J. P., Irving, P. G. & Allen, N. J.. Examination of the combined effects of work values and early work experiences on organizational commitment. *Journal of Organizational Behavior*, 1998, 19 (1): 29 – 52.

［218］ Mayer, D. M., Kuenzi, M., Greenbaum, R., Bardes, M. & Salvador, R. B.. How low does ethical leadership flow? Test of a trickle-down model. *Organizational Behavior and Human Decision Processes*, 2009, 108 (1): 1 – 13.

［219］ Meglino, B. M. & Ravlin, E. C.. Individual values in organizations: Concepts, controversies, and research. *Journal of Management*, 1998, 24: 351 – 389.

［220］ Meglino, B. M., Ravlin, E. C. & Adkins, C. L.. A work values approach to corporate culture: A field test of the value congruence process and its relationship to individual outcomes. *Journal of Applied Psychology*, 1989, 74: 424 – 432.

［221］ Meglino, B. M., Ravlin, E. C. & Adkins, C. L.. Value congruenceand satisfaction with a leader: An examination of the role of interaction. *Human Relations*, 1991, 44: 481 – 495.

[222] Mischel, W.. Toward a cognitive social learning reconceptualization of personality. *Psychological review*, 1973, 80 (4): 252.

[223] Moorman, R. H.. The relationship between organizational justice and organizational citizenship behaviors: Do fairness perceptions influence employee citizenship? *Journal of Applied Psychology*, 1991, 76: 845 – 855

[224] Moorman, R. H. & Blakely, G. L.. Individualism-Collectivism as an individual difference predictor oforganizational citizenship behavior. *Journal of Organizational Behavior*, 1995, 16: 127 – 142.

[225] Moorman, R. H., Niehoff, B. P. & Organ, D. W.. Treating employees fairly and organizational citizenshipbehavior: Sorting the effects of job satisfaction, organizational commitment, and procedural justice. *Employee Responsibilities and Rights Journal*, 1993, 6: 209 – 225.

[226] Morrison, E. W.. Role definitions and organizational citizenship behavior: The importance of the employee's perspective. *Academy of Management Journal*, 1994, 37 (6): 1543 – 1567.

[227] Moskowitz, D. S., Suh, E. J. & Desaulniers, J.. Situational influences on gender differences in agency and communion. *Journal of Personality and Social Psychology*, 1994, 66: 753 – 761.

[228] Mottaz, C. J.. The relative importance of intrinsic and extrinsic rewards as determinants of work satisfaction. *The Sociological Quarterly*, 1985, 26 (3): 365 – 385.

[229] Murray, H. A.. *Explorations in personality*. New York: Oxford University Press, 1938.

[230] Nord, W. R., Brief, A. P., Atieh, J. M. & Doherty, E. M.. Work values and the conduct of organizational-behavior. Research in organizational behavior, 1988, 10: 1 – 42.

[231] Orbell, J., Dawes, R. & Schwartz-Shea, P.. Trust, social categories, and individuals: The case of gender. *Motivation and Emotion*, 1994, 18 (2): 109 – 128.

[232] O'Reilly III, C. A.. Organizational behavior: Where we've been, where we're going. *Annual Review of Psychology*, 1991, 42 (1): 427 – 458.

[233] O'Reilly, C. A., Chatman, J. & Caldwell, D. F.. People and organizational culture: A profile comparison approach to assessing person-organization fit. *Academy of Man-*

agement Journal, 1991, 34: 487 – 516.

［234］Organ, D. W.. *Organizational citizenship behavior: The good soldier syndrome.* Lexington, MA: Lexington Books, 1998.

［235］Organ, D. W.. Organizational citizenship behavior: It's construct clean-up time. *Human performance*, 1997, 10 (2): 85 – 97.

［236］Organ, D. W. & Konovsky, M.. Cognitive versus affective determinants of organizational citizenshipbehavior. *Journal of Applied Psychology*, 1989, 74: 157 – 164.

［237］Organ, D. W., Podsakoff, P. M. & MacKenzie, S. B.. *Organizational citizenship behavior: Its nature, antecedents, and consequences.* Sage Publications, 2006.

［238］Organ, D. W. & Ryan, K.. A meta-analytic review of attitudinal and dispositional predictors oforganizational citizenship behavior. *Personnel Psychology*, 1995, 48: 775 – 802.

［239］Ostroff, C. & Schulte, M.. Multiple perspectives of fit in organizations across levels of analysis. In Ostroff C., Judge, T. A. (Eds.), *Perspectives on organizational fit* (pp. 3 – 69). New York: Lawrence Erlbaum Associates Inc, 2007.

［240］Ostroff, C., Shinn, Y. Y. & Kinicki, A. J.. Multiple perspectives of congruence: Relationships between value congruence and employee attitudes. *Journal of Organizational Behavior*, 2005, 26: 591 – 623.

［241］Parisi, A. G. & Weiner, S. P.. Retention of employees: Country-specific analyses in a multinational organization. In *Poster at the fourteenth annual conference of the society for industrial and organizational psychology*, *Atlanta, GA*, 1999.

［242］Parry, E. & Urwin, P.. Generational differences in work values: A review of theory and evidence. *International Journal of Management Reviews*, 2011, 13 (1): 79 – 96.

［243］Pine, G. J. & Innis, G.. Cultural and individual work values. *The Career Development Quarterly*, 1987, 35 (4): 279 – 287.

［244］Podsakoff, P. M. & MacKenzie, S. B.. Organizational citizenship behaviors and sales unit effectiveness. *Journal of Marketing Research*, 1994, 3 (1): 351 – 363.

［245］Podsakoff, P. M., MacKenzie, S. B. & Bommer, W. H.. Transformational leader behaviors and substitutes for leadership as determinantsof employee satisfaction, commitment, trust, and organizational citizenship behaviors. *Journal of Management*, 1996, 22: 259 – 298.

［246］ Podsakoff, P. M. , MacKenzie, S. B. , Moorman, R. H. & Fetter, R. . Transformational leader behaviors and their effects on followers' trust inleader, satisfaction, and organizational citizenship behaviors. *Leadership Quarterly*, 1990, 1: 107 – 142

［247］ Podsakoff, P. M. , Mackenzie, S. B. , Paine, J. B. & Bachrach, D. G. . Organizational citizenship behaviors: a critical review of the theoretical and empirical literature and suggestions for future research. Journal of Management, 2000, 26 (3): 513 – 563.

［248］ Polzer, J. T. , Swann, W. B. & Milton, L. P. . The benefits of verifying diverse identities for group performance. *Research on Managing Groups and Teams*, 2003, 5: 91 – 111.

［249］ Posner, B. Z. , Kouzes, J. M. & Schmidt, W. H. . Shared values make a difference: An empirical test of corporate culture. *Human Resource Management*, 1985, 24 (3): 293 – 309.

［250］ Premeaux, S. & Bedeian, A. G. . Breaking the silence: The moderating effects of self-monitoring in predicting speakingup in the workplace. *Journal of Management Studies*, 2003, 40: 1537 – 1562.

［251］ Prince-Gibson, E. & Schwartz, S. H. . Value priorities and gender. *Social Psychology Quarterly*, 1998, 61 (1): 49 – 67.

［252］ Pulakos, E. D. & Wesley, K. N. . The relationship among perceptual similarity, sex, and performance ratingsin manager-subordinate dyads. *Academy of Management Journal*, 1983, 26: 129 – 139.

［253］ Quinn, R. E. & Rohrbaugh, J. . A spatial model of effectiveness criteria: Towards a competing values approach to organizational analysis. *Management Science*, 1983, 29 (3): 363 – 377.

［254］ Ravlin, E. C. & Meglino, B. M. . Effects of values on perception and decision making: A study of alternative work values measure. *Journal of Applied Psychology*, 1987, 72: 666 – 673.

［255］ Rentsch, J. R. & Steel, R. P. . Construct and concurrent validation of the Andrews and Withey job satisfaction questionnaire. *Educational and Psychological Measurement*, 1992, 52 (2): 357 – 367.

［256］ Riordan CM. . Relational demography within groups: Past developments, contradictions, and new directions. In Ferris GR (Ed.), *Research in personnel and humanre-*

source management (Vol. 19, pp. 131 – 173). Stamford, CT: JAI Press, 2000.

[257] Rioux, S. M. & Penner, L. A.. The causes of organizational citizenship behavior: A motivational analysis. *Journal of Applied Psychology*, 2001, 86 (6): 1306.

[258] Roccas, S.. Identification and status revisited: The moderating role of self-enhancement and self-transcendence values. *Personality and Social Psychology Bulletin*, 2003, 29 (6): 726 – 736.

[259] Roccas, S., Klar, Y. & Liviatan, I.. *Exonerating cognitions, group identification, and personal values as predictors of collective guilt among Jewish-Israelis*. Collective guilt: International perspectives, 2004: 130 – 147.

[260] Roccas, S., Sagiv, L., Schwartz, S. H. & Knafo, A.. The big five personality factors and personal values. *Personality and Social Psychology Bulletin*, 2002, 28 (6): 789 – 801.

[261] Rokeach, M.. The nature of human values. Free press, 1973.

[262] Ros, M., Schwartz, S. H. & Surkiss, S.. Basic individual values, work values, and the meaning of work. *Applied Psychology: An International Review*, 1999, 48: 49 – 71.

[263] Rounds, J. B. & Armstrong, P. I.. Assessment of needs and values. In S. D. Brown, & R. W. Lent (Eds.), *Career development and counseling: Putting theory andresearch to work* (pp. 305 – 329). Hoboken, NJ: Wiley, 2005.

[264] Ruiz-Quintanilla, S. and England, G. W.. How working is defined: structure and stability. *Journal of Organizational Behavior*, 1996, 17: 515 – 540.

[265] Ryan, J. J.. Work values and organizational citizenship behaviors: Values that work for employees and organizations. *Journal of Business and Psychology*, 2002, 17 (1): 123 – 132.

[266] Ryan, R. M. & Deci, E. L.. Intrinsic and extrinsic motivations: Classic definitions and new directions. *Contemporary Educational Psychology*, 2000, 25 (1): 54 – 67.

[267] Ryan, R. M., Sheldon, K. M., Kasser, T. & Deci, E. L.. All goals are not created equal: An organismic perspective on the nature of goals and their regulation, 1996.

[268] Saks, A. M. & Ashforth, B. E.. A longitudinal investigation of therelationships between job information sources, applicant perceptions offit, and work outcomes. *Personnel Psychology*, 1997, 50: 395 – 426.

［269］Sagiv, L. . Searching for tools versus asking for answers: A taxonomy of counselee behavioral styles during career counseling. *Journal of Career Assessment*, 1999, 7 (1): 19 – 34.

［270］Sagiv, L. & Schwartz, S. H. . Value priorities and subjective well-being: Direct relations and congruity effects. *European journal of social psychology*, 2000, 30 (2): 177 – 198.

［271］Schall, M. S. . A communication-rules approach to organizational culture. *Administrative Science Quarterly*, 1983: 557 – 581.

［272］Schaubroeck, J. & Lam, S. S. K. . How similarity to peers and supervisor influences organizational advancement in different cultures. *Academy of Management Journal*, 2002, 45: 1120 – 1136.

［273］Schein, E. H. . *Organizational culture and leadership: A dynamic view.* San Francisco, 1985.

［274］Schneider, B. . Interactional psychology and organizational behavior. *Research in Organizational Behavior*, 1985, 5: 1 – 31.

［275］Schneider, B. , Smith, D. B. & Goldstein, H. W. . Attraction-selection-attrition: Toward a person-environment psychology of organizations. In. Walsh, W. B. , Craik, K. H. & Price, R. H. (Eds), *Person-environment psychology: New directions and perspectives* (2nd ed.) (pp. 61 – 85) . Mahwah, NJ, US: Lawrence Erlbaum Associates, 2000.

［276］Schwartz, S. H. . Universals in the content and structure of values: Theoretical advances and empirical tests in 20 countries. *Advances in experimental social psychology*, 1992, 25 (1): 1 – 65.

［277］Schwartz, S. H. . Are there universal aspects in the structure and contents of human values? *Journal of Social Issues*, 1994, 50: 19 – 45.

［278］Schwanz, S. H. & Bilsky, W. . Toward a psychological structure of values. *Journal of Personality and Social Psychology*, 1987, 53: 550 – 562.

［279］Schwartz, S. H. , Sagiv, L. & Boehnke, K. . Worries and values. *Journal of Personality*, 2000, 68 (2): 309 – 346.

［280］Selmer, J. & De Leon, C. . Parent cultural control through organizational acculturation: HCN employees learning new work values in foreign business subsidiaries. *Journal of Organizational Behavior*, 1996, 17 (S1): 557 – 572.

［281］Senger, J. . Managers' perceptions of subordinates' competence as a function of personal value orientations. *Academy of Management Journal*, 1971, 14: 415 – 423.

[282] Seppälä, T. , Lipponen, J. , Bardi, A. & Pirttilä-Backman, A. M. . Change-oriented organizational citizenship behaviour: An interactive product of openness to change values, work unit identification, and sense of power. *Journal of Occupational and Organizational Psychology*, 2012, 85 (1): 136 – 155.

[283] Shamir, B. , House, R. J. & Arthur, M. B. . The motivational effects of charismatic leadership: A self-concept based theory. *Organization Science*, 1993, 4: 577 – 594.

[284] Shanock, L. R. , Baran, B. E. , Gentry, W. A. , Pattison, S. C. & Heggestad, E. D. . Polynomial Regression with Response Surface Analysis: A Powerful Approach for Examining Moderation and Overcoming Limitations of Difference Scores. *Journal of Business and Psychology*, 2010, 25: 543 – 554.

[285] Shin, A. . Non-toxic tots: Parents pay dearly forsafety. Washington Post, 1 March, 2008: 1 – 2.

[286] Smith, P. C. , Kendall, L. M. & Hulin, C. L. . *The measurement of satisfaction in work and retirement: A strategy for the study of attitudes*. Oxford, England: Rand Mcnally, 1969.

[287] Smith, C. A. , Organ, D. W. & Near, J. P. . Organizational citizenship behavior: Its nature and antecedents. *Journal of Applied Psychology*, 1983, 68 (4): 653 – 663.

[288] Smola, K. & Sutton, C. D. . Generational differences: Revisiting generational work values for the new millennium. *Journal of Organizational Behavior*, 2002, 23 (4): 363 – 382.

[289] Staw, B. M. . Organizational behavior: A review and reformulation of the field's outcome variables. *Annual Review of Psychology*, 1984, 35 (1): 627 – 666.

[290] Staw, B. M. & Ross, J. . Stability in the midst of change: A dispositional approach to job attitudes. *Journal of Applied Psychology*, 1985, 70 (3): 469.

[291] Stephey, M. J. . Gen-X: The ignored generation? *Time Magazine*, April, 2008: 1 – 2.

[292] Stern, G. G. . *People in context: Measuring person-environment congruence in education and industry*. New York: Wiley, 1970.

[293] Strauss, J. P. , Barrick, M. R. & Connerley, M. L. . An investigation of personality similarity effects relational and perceived on peer and supervisor ratings and the role

of familiarity and liking. *Journal of Occupational and Organizational Psychology*, 2001, 74: 637 – 657.

[294] Super, D. E. . A theory of vocational development. *American Psychologist*, 1953, 8: 185 – 190.

[295] Super, D. E. . The structure of work values on relation to status, achievement, interests, and adjustment. *Journal of Applied Psychology*, 1962, 46: 231 – 239.

[296] Super, D. E. . *Work values inventory: manual.* Boston: Houghton Mifflin, 1970.

[297] Swann, W. B. , Polzer, J. T. , Seyle, D. C. & Ko, S. J. . Finding valuein diversity: Verification of personal and social self-views in diversegroups. *Academy of Management Review*, 2004, 29: 9 – 27.

[298] Tak, J. . Relationships between various person-environment fit types and employee withdrawal behavior: A longitudinal study. *Journal of Vocational Behavior*, 2011, 78 (2): 315 – 320.

[299] Tepper, B. J. , Lockhart, D. & Hoobler, J. . Justice, citizenship, and role definition effects. *Journal of Applied Psychology*, 2001, 86 (4): 789.

[300] Tepper, B. J. & Taylor, E. C. . Relationships among supervisors' and subordinates' procedural justice perceptions and organizational citizenship behaviors. *Academy of Management Journal*, 2003, 46 (1): 97 – 105.

[301] Terborg, J. R. . Interactional psychology and research on human behavior in organizations. *Academy of Management Review*, 1981, 6 (4): 569 – 576.

[302] Thoresen, C. J. , Kaplan, S. A. , Barsky, A. P. , Warren, C. R. & de Chermont, K. . The affective underpinnings of job perceptions and attitudes: A meta-analytic review and integration. In 17*th Annual Conference of the Society for Industrial and Organizational Psychology, Toronto, ON, Canada; An earlier version of this study was presented at the aforementioned conference.* (Vol. 129, No. 6, p. 914) . American Psychological Association, 2003.

[303] Tinsley, H. E. . The congruence myth: An analysis of the efficacy of the person-environment fit model. *Journal of Vocational Behavior*, 2000, 56 (2): 147 – 179.

[304] Tsui, A. N. , Egan, T. D. & O'Reilly, C. A. , Ⅲ. . Being different: Relational demographyand organizational attachment. *Administrative Science Quarterly*, 1992, 37:

549 – 579.

[305] Tsui, A. S. , Porter, L. W. & Egan, T. D. . When both similarities and dissimilarities matter: Extending the concept of relational demography. *Human Relations*, 2002, 55 (8): 899 – 929.

[306] Tsui, A. S. & O'Reilly, C. A. . Beyond simple demographic effects: The importance of relational demography in supervisor-subordinatedyads. *Academy of Management Journal*, 1989, 32: 402 – 423.

[307] Tulgan, B. . *Managing Generation X: How to Bringout the Best in Young Talent*. New York: Nolo Press, 1996.

[308] Turban, D. B. & Jones, A. P. . Supervisor-subordinate similarity: Types, effects, and mechanism. *Journal of Applied Psychology*, 1988, 73: 228 – 234.

[309] Turner, J. C. , Hogg, M. A. , Oakes, P. J. , Reicher, S. D. & Wetherell, M. S. . *Rediscovering the social group: A self-categorization theory*. Oxford, UK: Blackwell, 1987.

[310] Twenge, J. M. and Campbell, S. M. . Generational differences in psychological traits and their impact on theworkplace. *Journal of Managerial Psychology*, 2008, 23: 862 – 877.

[311] Twenge, J. M. , Campbell, S. M. , Hoffman, B. J. & Lance, C. E. . Generational Differences in Work Values: Leisure and Extrinsic Values Increasing, Social and Intrinsic Values Decreasing. *Journal of Management*, 2010, 36 (5): 1117 – 1142.

[312] Uçanok, B. . The Effects of Work Values, Work-Value Congruence and Work Centrality on Organizational Citizenship Behavior. *Proceedings of World Academy of Science: Engineering & Technology*, 2008: 48.

[313] Ueda, Y. & Ohzono, Y. . Effect of Work Values on Work Outcomes: Investigating Differences between Job Categories. *International Journal of Business Administration*, 2012, 3 (2).

[314] Üsdiken, B. & Leblebici, H. . Organization theory. In Anderson, N. , Ones, D. , Sinangil, HK ve Viswesvaran, C. (Der.) *International Handbook of Work and Organizational Psychology*, 2001: 377 – 397.

[315] Vancouver, J. B. , Millsap, R. E. & Peters, P. A. . Multilevel analysis of organizational goal congruence. *Journal of Applied Psychology*, 1994, 79 (5): 666.

[316] Vancouver, J. B. & Schmitt, N. W. . An exploratory examination of person-orga-

nizationfit: Organizational goal congruence. *Personnel Psychology*, 1991, 44 （2）: 333 – 352.

［317］Van Dyne, L., Graham, J. W. & Dienesch, R. M.. Organizational citizenship behavior: Constructredefinition, measurement and validation. *Academy of Management Journal*, 1994, 37: 765 – 802.

［318］Van Vianen, A. E. M.. Person-organization fit: the match between newcomers' and recruiters' preferences for organizational cultures. *Personnel Psychology*, 2000, 53: 113 – 149.

［319］Van Vianen, A. E. M., Shen, C. T. & Chuang, A.. Person-organization and person-supervisor fits: Employee commitments in a Chinese context. *Journal of Organizational Behavior*, 2011, 32 （6）: 906 – 926.

［320］Verplanken, B. & Holland, R. W.. Motivated decision making: Effects of activation and self-centrality of values on choices and behavior. *Journal of Personality and Social Psychology*, 2000, 82 （3）: 434.

［321］Verquer, M. L., Beehr, T. A. & Wagner, S. H.. A meta-analysis ofrelations between person-organization fit and work attitudes. *Journal of Vocational Behavior*, 2003, 63: 473 – 489.

［322］Wang, L., Hinrichs, K. T., Prieto, L. & Howell, J. P.. Five dimensions of organizational citizenship behavior: Comparing antecedents and levels of engagement in China and the US. *Asia Pacific Journal of Management*, 2013, 30 （1）: 115 – 147.

［323］Wang, A. C., Hsieh, H. H., Tsai, C. Y., Cheng, B. S.. Does Value Congruence Lead to Voice? Cooperative Voice and Cooperative Silence under Team and Differentiated Transformational Leadership. *Management and Organization Review*, 2012, 8 （2）: 341 – 370.

［324］Wang, H., Law, K. S., Hackett, R. D., Wang, D. & Chen, Z. X.. Leader-member exchange as a mediator of the relationship between transformational leadership and followers' performance and organizational citizenship behavior. *Academy of management Journal*, 2005, 48 （3）: 420 – 432.

［325］Weiner, S. P.. Worldwide technical recruiting in IBM: Research and action. In PD Bachiochi （Chair）, Attracting and keeping top talent in the high-tech industry. Practitioner Forum at the Fifteenth Annual Conference of the Society for Industrial and Organizational Psychology, New Orleans, LA, 2000.

[326] Weiss, H. M.. Social learning of work values in organizations. *Journal of Applied Psychology*, 1978, 63 (6): 711.

[327] Weiss, H. M.. Deconstructing job satisfaction: Separating evaluations, beliefs and affective experiences. *Human Resource Management Review*, 2002, 12 (2): 173 – 194.

[328] Weiss, D. J. , Dawis, R. V. , England, G. W. & Lofquist, L. H.. Manual for the Minnesota Satisfaction Questionnaire. Minneapolis. *Minn.* : *University of Minnesota Industrial Relations Center*, 1967.

[329] Westerman, J. W. & Cyr, L. A.. An integrative analysis of person-organization fit theories. *International Journal of Selection and Assessment*, 2004, 12 (3): 252 – 261.

[330] Wexley, K. N. , Alexander, R. A. , Greenawalt, S. P. & Couch, M. A. . Attitudinal congruence and similarity asrelated to interpersonal evaluations in manager-subordinate dyads. *Academy of Management Journal*, 1980, 23: 320 – 330.

[331] Witt, L. A.. Enhancing organizational goal congruence: A solution to organizational politics. *Journal of Applied Psychology*, 1998, 83 (4): 666.

[332] Witt, L. A. , Hilton, T. F. & Hochwarter, W. A.. Addressing politics in matrix teams. *Group & Organization Management*, 2001, 26 (2): 230 – 247.

[333] Witt L. A. , Nye L. G.. *Organizational goal congruence and job attitudes revisited.* Oklahoma City, OK: FAA Civil Aeromedical Inst, 1992.

[334] Yuchtman, E. & Seashore, S. E.. A system resource approach to organizational effectiveness. *American Sociological Review*, 1967: 891 – 903.

[335] Zalesny, M. D. & Kirsch, M. P.. The effect of similarity on performance ratings and interrater agreement. *Human Relations*, 1989, 42: 81 – 96.

[336] Zellars K. L. , Tepper B. J. , Duffy M. K.. Abusive supervision and subordinates' organizational citizenship behavior. *Journal of Applied Psychology*, 2002, 87 (6): 1068 – 1076.

[337] Zenger, T. R. & Lawrence, B. S.. Organizational demography: The differential effects of age and tenure distributions on technical communication. *Academy of Management Journal*, 1989, 32 (2): 353 – 376.

[338] Zhang, Z. , Wang, M. & Shi, J. Q.. Leader-Follower Congruence in Proactive

Personality and Work Outcomes: The Mediating Role of Leader-Member Exchange. *Academy of Management Journal*, 2012, 55 (1): 111 – 130.

[339] Zytowski, D. G.. The concept of work values. *Vocational Guidance Quarterly*, 1970, 18 (3): 176 – 186.

后　记

　　本书是我和艾明晓博士合作开展的研究。我和艾明晓博士是博士期间的同学，也是很要好的朋友。在我俩攻读博士期间，出于对领导—下属交换理论的共同兴趣，经常一起研讨该领域的学术文献和可供研究的方向；并逐渐确定了各自的研究模型和理论支撑，共同编制问卷、收集数据，进而在该领域各自完成了一篇博士毕业论文，并都顺利通过了博士答辩。每当想起研究创意的产生过程，模型的一步步推导，收集数据的各种艰辛和撰写毕业论文的种种不易，仍旧仿佛在昨天。

　　在此，首先感谢艾明晓博士为本专著提供的巨大帮助。由于艾明晓博士在国企工作，非常的忙碌，除了日常工作外，多少个加班加点的日日夜夜，从未有过半句怨言，在此表示衷心的感谢。可以说本专著能够顺利出版，艾明晓博士起到了决定性的作用。

　　尽管已经毕业三年有余，本专著的撰写仍然获得了我的博士生导师，中国人民大学劳动人事学院教授周文霞老师的大力支持，在此期间，周老师多次提供建设性的意见和建议，为本专著的质量把关起到了非常重要的影响作用。周老师严谨的学术作风，风趣睿智的谈吐，渊博的知识，无时无刻不令我钦佩。在此向我的恩师再次表示衷心的感谢。

　　本专著受河北省社会科学基金项目"LMX 差异化对团队绩效、工作幸福感的影响及其作用机制"（项目编号：HB17GL017）的资助支持，也是该项目重要的研究成果之一。此外，本专著也是河北省社会科学发展研究课题（课题编号：201704120201）的研究成果。与此同时，本项目得到了河北地质大学学术著作出版资助的全额大力资助，也是属于母校河北地质大学的研究成果。

　　在书稿撰写过程中，多位高校、省直机关单位的领导和朋友都给予了大力地支持。特别感谢河北地质大学科技处处长刘云教授、商学院苗泽华教授、白翠玲教授、郭爱英教授、董莉教授、王汉新教授、宋长生教授等都对本书提出了许多有益的意见和建议，在此敬表谢意。此外，河北地质大学王彦博老师、赵现锋老师、武星老师、张立峰老师、刘素红老师、董晓宏老师、张红霞老师、韩淼老师、杨春昭老师、王红宝老师、和文征老师、王树花老师、马罡老师等都对对我不断地进行鞭策与鼓励，在我迷茫与困惑之时，默默在我背后不断地督促，在此表示真诚地感谢！

　　另外，我要特别感谢我的妻子刘青女士以及我的父母对我完成本专著所做的无私的支持，爱妻怀有身孕仍旧帮我梳理稿件，翻译文献，且从无怨言。父母为我照顾儿子，操持家务，默默地无私奉献，这都是我能够按时、顺利完成本专著的重要原因。毫无疑问，这本书里有他们的心血。在感激之余，愿我的家人与我一起分享这本书面世的喜悦。

　　经济科学出版社的编辑对本书进行了审定，对他们的辛劳，表示诚挚的谢意。在本书出版过程中，对出版社的所有领导和工作人员一并致谢。

庞　宇

2018 年 1 月 30 日